DIKTATFUNDUS

Ein Textangebot
mit methodischen Anregungen
für die Klassen 7–10

W0211276

von
Christiane Biechele
Beate Hampe
Barbara Straub
Hannelore Walther

Ernst Klett Verlag
Stuttgart Düsseldorf Leipzig

Diktatfundus
Ein Textangebot mit methodischen Anregungen
für die Klassen 7–10

von
Christiane Biechele, Apolda
Beate Hampe, Jena
Barbara Straub, Jena
Hannelore Walther, Jena

Diktatfundus wird nur an Lehrer ausgeliefert (Schulstempel erforderlich)

Gedruckt auf Recyclingpapier,
hergestellt aus 100 % Altpapier.

2. Auflage A 2 8 7 6 5 4 | 2003 2002 2001 2000 99

Die letzte Zahl bezeichnet das Jahr dieses Druckes.
© Ernst Klett Verlag GmbH, 1996
Alle Rechte vorbehalten
Internetadresse: http://www.klett-verlag.de
Umschlag: Neil McBeath, Kornwestheim
Gesamtherstellung: Wilhelm Röck, Weinsberg
ISBN 3-12-320628-9

Inhaltsverzeichnis

Seite

Mit dem Titel „Diktatfundus“ legen die Autorinnen eine **breit angelegte** und **methodisch aufbereitete** Sammlung von Diktattexten vor. Sie soll methodische Anregungen geben und dazu beitragen den Aufwand bei der Vorbereitung von Übungs- und Kontrolldiktaten zu verringern. Die Diktatsammlung bietet Texte unterschiedlichen Umfangs und Schwierigkeitsgrades an, so dass sie in allen Schularten eingesetzt werden kann.
Die Texte sind nach den üblichen Rechtschreibschwerpunkten geordnet, die Orthogramme wurden hervorgehoben. Außerdem geben Vorbereitungshilfen unter jedem Text Auskunft über weitere Schwierigkeiten (über den Schwerpunkt hinaus) bzw. über mögliche Fehlerquellen. Zusätzlich werden Wortvorgaben oder Schreibhilfen empfohlen.
Bei der Gestaltung der Diktattexte wurden die Lese- und Schreibpraxis, vor allem aber die Interessen der 12–16-jährigen Schülerinnen und Schüler berücksichtigt. Gegenstand der Texte sind deshalb wissenschaftliche und kulturgeschichtliche Themen und Probleme aller Art, häufig in Verbindung mit ethischen und/oder moralischen Fragestellungen.

Arbeit mit der Textsammlung

Das Schreiben eines Diktates – besonders eines Kontrolldiktates – erfordert von den Schülerinnen und Schülern weit mehr als die Bewältigung der zuvor geübten Schwerpunktorthogramme, welche nur zu einem geringen Teil im Diktat enthalten sein können. Sie sollen ihr gesamtes Rechtschreibkönnen unter Beweis stellen und zusätzlich ein hohes Maß an Konzentrationsbereitschaft aufbringen. Wenn angesichts so komplexer Leistungsanforderungen Erfolgserlebnisse möglich werden sollen, muss das Leistungsvermögen der jeweiligen Schülergruppe beachtet und müssen starre Formen der Diktatpraxis vermieden werden. Ein gut ausgewähltes und überlegt eingesetztes Diktat kann mehr sein als eine Lernkontrolle, es kann auch Lernhilfe und Bestätigung eines Lernfortschritts bedeuten.
Die Beispiele ohne besonderen Schwerpunkt, die im 1. Abschnitt des Bandes angeboten werden, können dazu dienen, die Rechtschreibleistungen einer Klasse zu Beginn des 7. Schuljahres zu ermitteln. Als Testdiktate helfen sie beim Erfassen der individuellen und generellen Fehlerschwerpunkte der Schüler – eine unabdingbare Voraussetzung für effektiven Rechtschreibunterricht.
Da diese Diktate einen geringeren Schwierigkeitsgrad besitzen als die Mehrzahl der Texte zu den Schwerpunktorthogrammen, eignen sie sich aber auch zur Überprüfung des Rechtschreibkönnens von Hauptschülern der Jahrgangsstufen 7–9.

Folgende Möglichkeiten für den Umgang mit den angebotenen Texten bestehen:

Unveränderte Übernahme eines Diktattextes

Die Texte können unverändert als Übungsdiktate oder aber als Kontrolldiktate am Ende vorangegangener Übungseinheiten verwendet werden. In diesem Fall müssen die Schüler auf die Anforderungen, die das Diktat stellt, vorbereitet werden. Natürlich bedeutet das nicht sie wortwörtlich mit dem Text vertraut zu machen. Übungen zu einem Stoffkomplex sollten problematische Orthogramme des vorgesehenen Diktates einschließen, ohne dass sie als Bestandteile der zukünftigen Leistungskontrolle bewusst gemacht werden.

Veränderung von Textumfang oder Schwierigkeitsgrad

Selbstverständlich können die Texte dieser Sammlung auch als veränderbare Angebote aufgefasst werden. Ihr durchschnittlicher Umfang liegt bei 180 Wörtern, die meisten Texte sind gut erkennbar gegliedert.
Ist der ausgewählte Diktattext für die jeweilige Schülergruppe zu lang oder übersteigt er das Konzentrationsvermögen der Schüler, kann man auf einzelne Textabschnitte verzichten bzw. das Diktat – ähnlich wie beim Auslesediktat – zwar im Gesamttext verlesen, aber nur ausgewählte Abschnitte schreiben lassen.
Liegt der **Schwierigkeitsgrad** eines Textes deutlich über dem Leistungsvermögen einer Schülergruppe, kann er auf mehrfache Weise verringert werden:
- indem Wörter und Wendungen, die für die Schüler (aufgrund fehlender Übung oder Kenntnisse) besondere Rechtschreibklippen darstellen, weggelassen oder durch geläufigere ersetzt werden,
- indem Eigennamen, Fachwörter, Fremdwörter oder Wörter mit zu hohem Schwierigkeitsgrad vorgegeben und erklärt werden, selbst wenn sie nicht unter dem Stichwort **Vorgabe** in den Vorbereitungshilfen aufgeführt sind,
- indem das Nachschlagen in Wörterverzeichnissen und Fehlerkarteien gestattet wird
- indem fehlerhafte Schreibungen noch ungeübter Orthogramme bzw. Verstöße gegen unbehandelte Regeln der Zeichensetzung zwar korrigiert, aber nicht bewertet werden.

11 Tipps zur Diktatpraxis

- Sorgen Sie für einen geregelten Ablauf der Diktatstunden und gewöhnen Sie Ihre Schüler an eine feste Arbeitsweise.
- Vereinbaren Sie mit Ihren Schülern, wie sie sich im Falle eines zu hohen Diktiertempos verhalten sollen.
- Entscheiden Sie, ob Sie Zwischenfragen während des Schreibens zulassen.
- Geben Sie vor dem Schreiben Hinweise zu den Besonderheiten des Diktates.
- Verlesen Sie zunächst den Gesamttext. Danach können Sie nötige Schreibhilfen geben und Verständnisprobleme klären.
- Lesen Sie jeden Satz im Ganzen vor; diktieren Sie ihn anschließend in Sinneinheiten, die die Schüler nachschreiben.
- Ermöglichen Sie den Schülern eine erste Selbstkontrolle, indem Sie nach dem Schreiben den Text noch einmal langsam vorlesen.

- Nutzen Sie verbleibende Zeit nach dem Diktat gleich zur Nachbereitung, denn der Einprägeeffekt ist in dieser Phase besonders groß. Jetzt können die Schüler ihre Fragen zum Diktat stellen.
- Geben Sie Diktate möglichst schnell korrigiert zurück. Ihre Schüler warten darauf.
- Lassen Sie bei der Auswertung des Diktates Ihre Schüler die Fehler nicht einfach nur berichtigen, sondern helfen Sie ihnen mit sinnvollen Übungsanleitungen.
- Erleichtern Sie sich selbst die weitere Planung des Übungsprozesses durch das Arbeiten mit einer Fehlerkartei.

Korrekturzeichen im Überblick

Einheitliche Korrekturzeichen markieren übersichtlich die Fehlerart und geben den Schülern Hinweise zur Berichtigung.

Senkrechter Strich (|):

Verstoß gegen die Regeln der Orthographie
Der Fehler sollte als Einzelwort berichtigt werden, das durch stammverwandte Beispiele oder Wörter mit dem gleichen Orthogramm ergänzt wird.

Kreuz (+):

Verstoß gegen grammatische Regeln, z. B. gegen Regeln der Form- oder Wortbildung
Der Fehler sollte im Rahmen einer Wortgruppe oder eines Satzes berichtigt werden.

Fehlzeichen (V):

Weglassen von Wörtern
Eine Berichtigung in der Wortgruppe oder im Satz ist zu empfehlen.

Waagerechter Strich (–):

Verstoß gegen die Regeln der Interpunktion
Der Fehler ist im Satz zu berichtigen, die Angabe einer Kommaregel kann u. U. helfen.

Waagerechte Wellenlinie (~):

Verstoß gegen den Gebrauch des Gedanken- oder Bindestriches bzw. fehlende Umlautzeichen oder Punkte auf „i“ und „j“
Die Berichtigung im Einzelwort reicht meist aus.

Hinweise zur Fehlerzählung

Die Leistungsbereitschaft der Schüler sollten Sie nicht durch übertriebene Korrektheit in der Fehlerzählung beeinträchtigen.
Mehrere Fehler in einem Wort sollten deshalb nur als ein Fehler angerechnet, gleiche orthographische Fehlerfälle nur einmal bei der Fehlerzählung erfasst werden. Es empfiehlt sich, Fehler nicht als solche zu werten, wenn sie Orthogramme betreffen, die noch nicht ausreichend gefestigt sind.

Wettervorhersage

Wortzahl: 169

Seit vielen Jahrhunderten beobachten die Menschen das Wetter und die Vorgänge in ihrer Umwelt. Sie erkannten den Zusammenhang zwischen Veränderungen im Verhalten von Pflanzen und Tieren und einem bevorstehenden Witterungswechsel. Bei nahendem Regen glättet sich zum Beispiel das Fell der Schafe, die Ameisen laufen auf höher gelegene Stellen, Kiefernzapfen schließen sich. Solche Beobachtungen führten dazu, dass die Menschen schon in früher Zeit das Wetter voraussagen konnten. *67*

Bereits im 5. Jahrhundert v. Chr. gaben die Griechen Wettervorhersagen für ihre Segelschiffe aus. Im 4. Jahrhundert v. Chr. wurden Wettermeldungen aufgeschrieben und an bestimmten Gebäuden angeschlagen. Die Bevölkerung richtete sich nach ihnen. *31*

Heute gleicht eine Wettervorhersage der Lösung eines Kriminalfalles. Viele Einzelheiten müssen dafür zusammengetragen werden. Mit Hilfe von Computern werden alle Informationen ausgewertet. Dadurch kann eine ziemlich genaue Voraussage für die nächste Woche gegeben werden. *34*

Für die Industrie und die Landwirtschaft, für den Flugverkehr und die Schifffahrt sind Wettervorhersagen besonders wichtig. Aber auch jeder von uns interessiert sich für sie. Wir wollen ja schließlich wissen, ob es Wetterveränderungen geben wird oder nicht. *37*

169

Vorbereitungshilfen

Schwierigkeiten

- Großschreibung
  von abgeleiteten Substantiven, substantivierten Verben und Adjektiven
- Kommasetzung in einfachen Satzgefügen und Satzverbindungen
- Fremdwörter
- Abkürzungen
- Getrennt- und Zusammenschreibung

Mögliche Vorgaben

- Abkürzung: v. Chr./v. u. Z.

Die Iglus der Eskimos

Wortzahl: 158

Die meisten Eskimos leben heute nicht mehr in Iglus, sondern in Holzhäusern. Viele fahren inzwischen sogar mit dem Schneemobil zum Einkaufen. Selbst die Polar-Eskimos ziehen auf ihren Jagdzügen ein Zelt dem Iglubau vor. Nur gelegentlich wird während der Jagd noch solch ein Schneehaus gebaut. Beim Nahen eines Schneesturmes muss es manchmal innerhalb einer halben Stunde errichtet werden. *62*

Nach folgendem grundsätzlichen Bauprinzip wird vorgegangen: Mit einem gebogenen Messer schneidet der Eskimo um sich herum Schneeblöcke aus dem Boden. Auf diese Weise entsteht eine Grube, über der aus den Schneebausteinen eine Kuppel geformt wird. Oben wird eine kleine Öffnung in die Decke gebohrt. Ein niedriger Tunnel führt ins Freie. *50*

In einem Iglu gibt es keinerlei Möbel. Schneeblöcke werden mit Tierfellen bedeckt und dienen als Sitz- und Schlafgelegenheit. Der Iglu ist eine hochwertige architektonische Konstruktion. Seine Schneekuppeln wurden Jahrtausende vor dem römischen Bogen und den Moscheen der Moslems gebaut. Trotzdem hat er als Wohnung heute ausgedient. *46*

158

Vorbereitungshilfen

Schwierigkeiten

- Großschreibung substantivierter Infinitive und Adjektive
- Fremdwörter
- Kommasetzung
  bei der Entgegenstellung (sondern)
  im Satzgefüge (über der)

Mögliche Vorgaben

- Eigennamen: Eskimo, der/das Iglu, Moslems, Moschee

Ein erfüllter Wunschtraum

Wortzahl: 188

Wohl jeder von uns träumt davon(,) einmal etwas Ungewöhnliches zu unternehmen und damit Freunde und Bekannte in Erstaunen zu setzen. *23*

Fünf deutsche Sportstudenten erfüllten sich 1992 solch einen Wunschtraum. Nach uralten ägyptischen Methoden stellten sie aus drei Tonnen Schilf und dreitausend Meter Seil drei lange Schilfbündel her. Aus diesen schufen sie einen elf Meter langen und drei Meter breiten Schiffsrumpf. *39*

Mit einem Kran ließen sie in Greifswald ihr Schilfboot zu Wasser und tauften es auf den Namen „Dilmun". Nach dem Stapellauf waren noch der Mast, die Korbhütte, die Steuerbrücke und zwei Ruder aufzubauen. Das war besonders schwierig, denn alle Verbindungen durften nur mit Seilen geknüpft werden. *46*

Nach zwei Monaten Bauzeit ging es endlich aufs Meer. Die geplante Umsegelung der Insel Rügen gelang infolge tückischer Winde und einiger Konstruktionsfehler nicht. Aber die Schwimmfähigkeit eines solchen Bootes wurde nachgewiesen. Damit konnten sich die jungen Männer als Nachfolger des berühmten norwegischen Forschers Thor Heyerdahl fühlen. *46*

Der hatte Jahre zuvor Fahrten auf ähnlich primitiven Flößen und Schiffen unternommen. Er wollte mit seinen Aktionen herausfinden, ob es schon vor Kolumbus Berührungen zwischen der Alten und der Neuen Welt gegeben haben könnte. *34*

188

Vorbereitungshilfen

Schwierigkeiten

- Konsonantenverdoppelung
- Großschreibung abgeleiteter Substantive und substantivierter Verben und Adjektive
- Kleinschreibung von Adjektiven auf -isch, abgeleitet von Ländernamen
- Schreibung von Zahlwörtern
- Kommasetzung in der Satzverbindung (denn) und im Satzgefüge (ob)

Mögliche Vorgaben

- Eigennamen: „Dilmun" (im Altertum Name der Insel Bahrei im Persischen Golf), Alte und Neue Welt, Thor Heyerdahl, Rügen, Greifswald, ägyptisch
- Fremdwort: Konstruktion
- Adverb: infolge
- Kommasetzung bei der Infinitivgruppe

Das Schnabeltier

Wortzahl: 165

Das australische Schnabeltier ist eine der seltsamsten lebenden Tierarten. Es existiert schon seit 17 Millionen Jahren. *17*

Dieses vom Aussterben bedrohte Säugetier ist ein Flussbewohner, schwimmt wie ein Biber, legt Eier, säugt seine Jungen und findet durch elektrische Impulse seine Nahrung. *24*

Der auffällige Schnabel gleicht dem einer Ente und gab dem Tier seinen Namen. Anders als bei der Ente ist der Schnabel jedoch weich wie Leder und hat zahllose Poren. *29*

Der glatte, glänzende und tiefbraune Pelz des Schnabeltieres besteht aus dicken Deckhaaren über einer feinen und silbrigen Unterwolle. *18*

Der Schwanz erinnert in Größe und Form an eine plumpe Hand. *11*

Die Weibchen sind etwa so groß wie Hauskatzen und wiegen ungefähr ein Kilogramm. Die männlichen Tiere sind etwas größer und schwerer und besitzen zudem eine Besonderheit: An den inneren Fußgelenken der Hinterpfoten sitzt ein kleiner Sporn. Aus einer Drüse können die Tiere durch die hohlen Sporne Gift verspritzen. Seine Wirkung ist beim Menschen zwar nicht tödlich, führt aber zu starken Schmerzen und Schwellungen der betroffenen Körperstellen. *66*

165

Vorbereitungshilfen

Schwierigkeiten

- s–ss–ß
- bezeichnete und unbezeichnete Länge
- Fremdwörter: elektrisch, Impulse, existieren
- Kommasetzung bei der Entgegenstellung (aber)
- Doppelpunkt

Mögliche Vorgaben

- Schreibung der Zahlen und Maßeinheiten
- Doppelpunkt und Großschreibung des Ganzsatzes

Wenn Partner aneinander vorbeireden

Wortzahl: 176

Stellt euch folgende Situation vor: Ein Mann sitzt am Frühstückstisch. Er schlägt die Zeitung auf und fragt dabei seine Frau: „Möchtest du noch etwas sagen, bevor ich anfange zu lesen?“ Sicher weiß die Frau darauf erst einmal nichts zu erwidern. Ihr wird aber irgendetwas einfallen, sobald der Mann zu lesen begonnen hat. *56*

Eine solche Situation wirkt witzig, jeder scheint sie zu kennen, hat sie so oder ähnlich schon beobachtet oder erlebt. Weniger komisch ist die Tatsache, dass es häufig zu Missverständnissen kommt, weil Männer und Frauen unterschiedliche Sprachen sprechen. *37*

Frauen reden mit Verwandten oder Fremden häufiger über ihre Gefühle. Sie wollen auf diese Weise Nähe und Zuneigung ausdrücken. Den meisten Männern jedoch dienen Gespräche nur zum Austausch von Informationen. Für sie ist es selbstverständlich(,) ihre intimsten Gedanken und Gefühle für sich zu behalten. *44*

Diese Aussagen trifft eine amerikanische Sprachwissenschaftlerin nach einer umfassenden Untersuchung. Sie weist auch nach, dass Frauen Auseinandersetzungen und Konflikten häufig aus dem Wege gehen. Deshalb fällt es ihnen oft schwer(,) sich den Wünschen und Forderungen anderer offen zu widersetzen. *39*

176

Vorbereitungshilfen

Schwierigkeiten

- s – ss – ß
- Getrennt- und Zusammenschreibung
- Fremdwörter: Situation, Information, intim, Konflikt
- Kommasetzung in einfachen Satzgefügen (bevor, sobald, dass, weil) und Satzverbindungen

Mögliche Vorgaben

- Doppelpunkt und Großschreibung des Ganzsatzes
- Kommasetzung bei den Infinitivgruppen

Herausforderung Antarktis

Wortzahl: 185

Um die Mitte des 18. Jahrhunderts segelte der englische Kapitän James Cook in das südliche Eismeer. Er sollte auskundschaften, ob es an diesem Ende der Welt Land gibt. Der erfahrene Seemann überquerte an drei verschiedenen Stellen den südlichen Polarkreis. Aber dicker Nebel und Packeis verhinderten jedesmal die Weiterfahrt, so dass er nicht bis zum Festland gelangen konnte. *58*

Im Jahre 1821 erreichten drei Schiffe fast gleichzeitig die Antarktis und erforschten Teile dieses Kontinents. Es waren ein englisches Walfangschiff, ein amerikanischer Robbenfänger und eine russische Forschungsexpedition. Zahlreiche Polarforscher folgten ihnen. *30*

Zu Beginn des 20. Jahrhunderts gab es ein regelrechtes Wettrennen zum Südpol. 1902 machte sich der Engländer Robert Scott auf den Weg. Er musste nach 95 Tagen entkräftet umkehren. Sieben Jahre später kämpfte sich eine weitere englische Forschergruppe fast bis an den Pol heran. Aber erst der Norweger Roald Amundsen erreichte dieses Ziel. Er konnte im Dezember 1911 am Südpol die Flagge seines Landes aufrichten. *60*

Fast zur gleichen Zeit war Robert Scott ein zweites Mal aufgebrochen. Er wollte mit seiner Expedition unbedingt den Pol erreichen und gelangte auch dorthin. Aber den Rückweg schafften die von Krankheit und Entbehrung erschöpften Männer nicht mehr. *37*

185

Vorbereitungshilfen

Schwierigkeiten

- Kleinschreibung von Adjektiven auf -isch, die von Ländernamen abgeleitet sind, von Numeralien
- Getrennt- und Zusammenschreibung
- Fremdwörter
- Kommasetzung in den Satzgefügen (ob, so dass)

Mögliche Vorgaben

- James Cook, Robert Scott, Roald Amundsen, Antarktis
- Vereinbarung über die Schreibung der Zahlen

Mittsommernacht auf Seurasaari*

Wortzahl: 217

In Finnland gibt es neben dem Weihnachtsfest ein zweites hohes Fest, das Johannisfest. Es wird am 21. Juni gefeiert, wenn der Sommer seinen Höhepunkt erreicht. Die Johannisnacht ist mit dem Glauben an Zauberkräfte der Natur und besondere Fruchtbarkeit verbunden. So entstanden zahlreiche Riten und Bräuche. *47*

Bereits in früheren Zeiten holte man Bäume, Zweige, Kräuter und Blumen in den Hof oder die Stuben. Es wurden Milch- und Eierspeisen bereitet. Am späten Abend entfachte man ein großes Feuer. Diese feierliche Handlung führte der Dorfälteste aus. *38*

Jeder brachte für das Feuer etwas mit, einen Ast oder Kränze aus Johanniskraut oder auch einen Beutel mit Saatkorn. Diese Gaben wurden dem Gott Ukko geopfert(,) um eine gute Ernte zu erbitten. Damals wie heute wird dieser Tag auch gern als Hochzeitstag genutzt. So ist es Brauch, dass auf Seurasaari jedes Jahr ein Brautpaar das große Johannisfeuer entzündet. *58*

Es fährt in einem langen Holzboot mit der Hochzeitsgesellschaft hinaus auf das Wasser. Mit einer brennenden Fackel entzünden die Brautleute viele kleine Feuer, die in Holztonnen links und rechts die Wasserstraße markieren. Zuletzt entzünden sie den mächtigen Holzstoß auf einer kleinen vorgelagerten Insel. Seine Mitte besteht aus drei bis fünf aufgerichteten Fischerbooten, die von kräftigen Holzstämmen umgeben sind. *58*

Das Feuer erhellt die ohnehin kurze Nacht. Musik, Tanz und viele kleine Zaubereien machen sie unvergesslich. *16*

217

Vorbereitungshilfen

Schwierigkeiten

- Eigennamen
- Kommasetzung bei der Apposition, in den Satzgefügen (wenn, die, dass)
- s–ss–ß
- Doppelkonsonanz

Mögliche Vorgaben

- Seurasaari, Ukko, Mittsommernacht, Riten
- Ergänzungsbindestrich
- Kommasetzung bei der Infinitivgruppe

* Seurasaari: Helsinki vorgelagerte Insel; Freilandmuseum.

Tiere und Pflanzen im Lebensraum Stadt

Wortzahl: 202

In der Stadt können Tiere und Pflanzen nur schwer überleben. Das andauernde Abrollen der Räder von Fahrzeugen aller Art und die vielen Tritte der Fußgänger verhindern die Ansiedelung bodenbrütender Vögel und das Wachstum vieler Pflanzen. Dieser Mangel an Pflanzen bedeutet weniger Nahrung für Tiere. Dadurch wird die Nahrungskette unterbrochen. *55*

Große Flächen sind durch Mauerstein oder Beton versiegelt, wodurch die Anzahl geeigneter Standorte für Pflanzen weiter eingeschränkt wird. Die Luft ist stark durch Autoabgase und andere giftige Gase verschmutzt, die besonders pflanzliches Gewebe schädigen. *34*

Als Folge all dieser Standortprobleme ist die Pflanzen- und Tierwelt hier besonders artenarm. Manche Arten werden jedoch mit den Widerständen der Stadt fertig. Für sie bietet das Leben in der Stadtumwelt auch Vorteile, weil ihre weniger anpassungsfähigen Konkurrenten und Feinde fehlen. *41*

Der Betondschungel der Städte erzeugt und speichert im Gegensatz zum natürlichen Dschungel der Urwälder viel mehr Wärme. Autos, Menschen, Fabriken und Heizungssysteme geben Wärme ab, die im Gesteinsuntergrund der Straßen und in den Mauern der Gebäude gespeichert wird. Ziegelsteine und Beton absorbieren Sonnenwärme. Alles zusammengenommen sind Städte um 5 °C wärmer als die sie umgebende Landschaft. *55*

Deshalb blühen zum Beispiel Narzissen in den Stadtparks eher als auf dem nur gering entfernten offenen Land. *17*

202

Vorbereitungshilfen

Schwierigkeiten

- zusammen- und getrenntgeschriebene Verben und Adjektive
- Fremdwörter
- Kommasetzung in den Satzgefügen (wodurch, die, weil)

Mögliche Vorgaben

- Narzisse, Dschungel, absorbieren
- Ergänzungsbindestrich

Die Zeit

Wortzahl: 141

Die Zeit – was ist das? Sie ist nicht greifbar, dennoch ist ihr unser gesamtes Leben unterworfen. Manchmal sagen wir, die Zeit läuft uns davon, ein anderes Mal, sie schleicht dahin. Aber wir können die Zeit weder sehen noch hören oder fühlen. Wir können sie nur messen. *48*

Nach den Worten eines alten Gelehrten ist die Zeit der Raum zwischen zwei Ereignissen. Um die Zeit messen zu können(,) muss man regelmäßig wiederkehrende Vorgänge auswählen. Dann kann man die Zeit zwischen ihnen bestimmen. *34*

Seit Beginn seiner Geschichte sucht der Mensch nach brauchbaren Methoden zur Zeitmessung. Zahlreiche Messgeräte, die er gebaut hat, sind Beispiele dieses Bemühens. *19*

Die ersten Messgeräte funktionierten sehr einfach. Sie waren noch ungenau. Die ältesten Uhren waren Wasseruhren. Sie zeigten den Ablauf der Zeit, wenn in einem zylindrischen Gefäß der Wasserstand sank. Heute gibt es Uhren, die sogar die kurze Sekunde in noch kleinere Einheiten teilen. Das können zum Beispiel Atomuhren. Bei ihnen nutzt man die Schwingungen der Zäsiumatome als Grundlage der Zeitmessung. *60*

141

Vorbereitungshilfen

Schwierigkeiten

- s–ss–ß
- e–ä
- bezeichnete und unbezeichnete Länge
- Kommasetzung
  in der Satzverbindung (dennoch, uneingeleitet)
  in den Satzgefügen (die, wenn)

Mögliche Vorgaben

- Eigenname: Zäsium/Caesium
- Gedankenstrichverwendung
- zylindrisch
- Kommasetzung bei der Infinitivgruppe

Schwarzafrika

Wortzahl: 162

Schwarzafrika wird von zwei Weltmeeren und der Sahara umschlossen. Trockene Wüstenzonen liegen neben großen, feuchten Waldgebieten. Die Natur ist großartig. Jedoch ist es für den Menschen schwer(,) in einer Umgebung zu leben, die durch solche Extreme gekennzeichnet ist. Das Leben in den Tropen bringt für die einheimischen Völker häufig Vereinsamung und Trennung von der Außenwelt mit sich. *58*

Trotzdem standen alle Völker Afrikas schon immer miteinander in Verbindung. Es gab einen regen Austausch über Arbeit und Lebensweise. Das Wüstendromedar ermöglichte das Durchqueren der Sahara und ein Herstellen von Kontakten zu den arabischen Völkern im Norden des Kontinents. Bereits in frühester Zeit sorgten die kleinen Segelschiffe der Küstenbewohner dafür, dass Schwarzafrika auch mit den anderen Erdteilen in Verbindung stand. *60*

Gegen Ende des 19. Jahrhunderts wurde Schwarzafrika von europäischen Kolonialmächten unterworfen. Die Europäer missachteten die unterschiedlichen Kulturen der Schwarzen. So glaubten sie, dass in Schwarzafrika ein einheitliches Volk lebe. *27*

Jedoch konnten sich die Menschen in Schwarzafrika einen großen Reichtum an unterschiedlichen Kulturen der einzelnen Völker bewahren. *17*

162

Vorbereitungshilfen

Schwierigkeiten

- Fremdwörter
- s–ss–ß
- Getrennt- und Zusammenschreibung
- Adjektive auf -ig, -lich, -isch
- Kommasetzung in den Satzgefügen (die, dass)

Mögliche Vorgaben

- Sahara, Dromedar, arabisch
- Kommasetzung bei der Infinitivgruppe

Die Sprache unserer Vorfahren

Wortzahl: 189

Niemand weiß, wie die Menschen in der Steinzeit gesprochen haben. Sicher gehörten zu ihrem Wortschatz Bezeichnungen für alles das, was für ihr **Denken** und **Handeln** wichtig war: Tiere, Früchte, Wasser, Feuer, Werkzeuge, Gebrauchsgegenstände und vieles **andere** mehr. Beim **Jagen** und **Sammeln** oder beim **Herstellen** von Geräten mussten sie aber auch so etwas wie eine Aufforderung oder eine Warnung vor einer Gefahr ausdrücken können. Es muss Wörter gegeben haben für die wichtigsten Tätigkeiten in ihrem Leben. *79*

Vor ungefähr 20 000 Jahren lebten auf allen Kontinenten unserer Erde bereits Menschen. Sprach der Pekingmensch schon **chinesisch**, der Neandertaler schon **deutsch**? Oder hatten unsere Vorfahren auf den verschiedenen Erdteilen **anfangs** eine gemeinsame Ursprache? Funde sprechen für eine mehr oder weniger gleichzeitige, aber unabhängige Entwicklung der Menschen in den verschiedenen Gebieten der Erde. *51*

Beim **Organisieren** ihres Zusammenlebens bildete sich auch eine Art gemeinsamer Sprache heraus. Das **Suchen** nach Nahrung zwang unsere Vorfahren jedoch immer wieder(,) sich in kleinere Gruppen aufzuteilen. Durch diese Teilungen müssen sich an den verschiedenen Orten der Erde unterschiedliche Dialekte und Sprachen entwickelt haben. *44*

Größere zusammenhängende Sprachgebiete entstanden erst einige **tausend** Jahre später, nachdem die Menschen sesshaft geworden waren. *15*

189

Vorbereitungshilfen

Hinweise auf enthaltene Schwierigkeiten

- Großschreibung substantivierter Verben
- Kleinschreibung von Herkunftsbezeichnungen, von Pronomen, Zahlwörtern und Adverbien
- Kommasetzung in der Entgegenstellung (aber), in den Satzgefügen (wie, was, nachdem) und beim zusammengezogenen Satz

Mögliche Vorgaben

- Neandertaler, Pekingmensch
- Kommasetzung bei der Infinitivgruppe

Leere Geldbeutel

Wortzahl: 201

In den letzten Jahren konnten wir das allmähliche **Verschwinden** von Münzen und Scheinen aus unseren Portmonees beobachten. Geld ist nicht mehr so selbstverständlich wie früher zum **Zählen** und **Anfassen** da. *32*

Heute geben oft nur elektronische Daten in den Computern der Banken Auskunft, wie viel Geld jemand besitzt. Man kann zwar noch immer abheben und bar bezahlen, aber meistens werden Daten von einem Konto auf ein anderes übertragen. Dabei ersetzen computerlesbare Karten häufig alles **Geschriebene**. *44*

Scheckkarten dienen zum **Abheben** von Geld an Automaten oder als Sicherheit beim **Ausstellen** von Schecks. Rechnungen begleicht man nicht immer sofort am Ladentisch. Das **Vorlegen** einer Kreditkarte genügt. Die Geschäfte erhalten einen **Vermerk** über die Geldbewegung. Später überweist die Bank den Betrag. So ist das **Zahlen** ohne Bargeld sehr einfach und sicher. Viele Leute nutzen diesen Vorteil auch und verzichten auf das **Mitnehmen** größerer Mengen Geldes. Sie gehen stattdessen mit einer Kreditkarte in der Tasche einkaufen. *76*

Allen **Voraussagen** nach haben die kleinen Karten aus Plastik eine große Zukunft. In Frankreich hat man kürzlich mit der Erfindung der „klugen Karte“ einen erheblichen Fortschritt erzielt. Sie verfügt über einen eingebauten Rechner, der sich alle Geldbewegungen merkt. Wer weiß, was das Geld von morgen noch alles leisten wird! *49*

201

Vorbereitungshilfen

Hinweis auf enthaltene Schwierigkeiten

- Großschreibung substantivierter Verben
- Kommasetzung in der Satzverbindung (aber) und in den Satzgefügen (wieviel, der, was)

Mögliche Vorgaben

- Fremdwörter: Automaten, bar, computerlesbar, Daten, Portmonee/Portemonnaie
- Anführungszeichen

Verständigung im Tierreich

Wortzahl: 176

Nicht nur die Menschen, auch die Tiere verständigen sich untereinander. Beim **Spazierengehen** in der freien Natur oder bei einem Besuch im Zoo achten wir meist besonders auf ihre **Laute**. Wir unterscheiden z. B. das **Bellen** der Hunde, das **Gackern** der Hühner, das **Zirpen** der Grillen, das **Zwitschern** der Vögel, das **Blöken** der Schafe. Beim **Beobachten** von Haustieren fällt uns noch mehr auf. Sie geben in ganz bestimmten Situationen ganz bestimmte Laute von sich. *74*

Begrüßt der Hund seinen Herrn, bellt er anders, als wenn ein **Fremder** das Grundstück betritt. Er jault, wenn er getreten wird, bei anderen Vorkommnissen winselt er. Jeder Laut ist an eine besondere Situation gebunden. *34*

Das **Verhalten** der Tiere ist ihnen durch Instinkte vorgegeben. Diesem inneren Programm folgen sie automatisch. Ein **Durchdenken**, **Auswählen**, **Planen** der Äußerung ist ihnen nicht möglich. Nur der Mensch kann planen und vorher bedenken, was er tun will. *37*

Lautäußerungen der Tiere sind nur auf die Gegenwart bezogen. Mitteilungen über **Vergangenes** oder **Zukünftiges** durch **Erzählen**, **Berichten**, **Belehren** gibt es nicht. *21*

Seinem Wesen nach ist das Signalsystem der Tiere keine Sprache. *10*

176

Vorbereitungshilfen

Hinweise auf enthaltene Schwierigkeiten

- Großschreibung von substantivierten Verben und Adjektiven
- Kommasetzung in den Satzgefügen (was, wenn)

Mögliche Vorgaben

- Fremdwörter: Instinkte, Signalsystem
- Kommas in den beiden mehrfach zusammengesetzten Sätzen

Unsere Erde verändert sich

Wortzahl: 178

Innerhalb weniger Menschenleben kann man kaum wahrnehmen, dass die Erde sich ohne **Unterlass** verändert. Das **Entstehen** von Gebirgen müsste man über **Millionen** Jahre verfolgen. Es scheint uns daher, als ob sich das vertraute **Aussehen** von Landschaften nicht wandelt. *42*

Vergleicht man aber die natürlichen Veränderungen auf der Erde mit den von Menschen verursachten, wird deutlich, dass die menschliche Arbeit einen starken Einfluss auf die Entwicklung der Umwelt hat. Doch nicht in jedem Fall können die Menschen die **Folgen** ihres **Tuns** abschätzen. So haben sie im Verlaufe ihrer Geschichte unter anderem durch das **Abholzen** von Wäldern, das **Trockenlegen** von Sumpfgebieten und durch das schnelle **Ausdehnen** ihrer Städte große Schäden angerichtet. *69*

Manchmal jedoch erinnern Naturereignisse uns daran, dass der Mensch nicht der uneingeschränkte **Beherrscher** der Natur ist. Vulkanausbrüche, **Fluten** oder **Beben** können die Zerstörung ganzer Landstriche bewirken. Nicht immer gelingt es, mit Hilfe von **Vorhersagen** für die Bewohner der betroffenen Siedlungen das **Schlimmste** zu verhindern. *44*

So bedrohen nicht nur die Folgen menschlichen **Eingreifens** in die Vorgänge der Natur unser Leben. Auch die natürliche Umwelt selbst birgt große Gefahren. *23*

178

Vorbereitungshilfen

Hinweise auf enthaltene Schwierigkeiten

- Großschreibung substantivierter Verben und Adjektive sowie abgeleiteter Verben
- zusammengesetzte Adjektive/Adverbien
- Kommasetzung in den Satzgefügen (dass, als ob)

Mögliche Vorgaben

- Kommasetzung bei der Infinitivgruppe

Gemalte Sprache

Wortzahl: 176

Japanische Kinder benötigen sehr viel Zeit zum **Erlernen** ihrer Schrift. Die **japanischen** Schriftzeichen gehören wie die **chinesischen** zu den **kunstvollsten** der Welt. *24*

Zum Lesen und Schreiben ist in Japan das **Beherrschen** eines Alphabetes mit zwei verschiedenen Schreibweisen sowie von ca. 2000 Schriftzeichen notwendig. Das ist die geringste Forderung, die vom Bildungsministerium gestellt wird. Es ist natürlich nicht verboten(,) mehr zu können. *37*

Die alten Japaner hatten zwar ihre Sprache, kannten jedoch keine Schrift. Deshalb übernahmen sie im 6. Jahrhundert die **chinesischen** Schriftzeichen. Sie werden heute noch überwiegend verwendet. Die **einfachsten** dieser Zeichen bestehen nur aus zwei oder drei Strichen, die **schwierigsten** aus **zwanzig** und mehr. Außerdem haben die **meisten** von ihnen mehrere verschiedene Lesungen. Da das übernommene Schriftsystem nicht ausreichte, ergänzten es die Japaner mit eigenen vereinfachten alphabetischen Schriftzeichen. *67*

Seit alter Zeit beschäftigt man sich in Japan mit der Kunst des **Schönschreibens**. Zeichnen und **Schreiben** gehen bei den Japanern ineinander über. Dadurch ist bei ihnen die Neigung zur Bildsprache sehr ausgeprägt. Vielleicht ist deshalb das **Verschlingen** von Comics, bei denen die Bilder im Vordergrund stehen, so beliebt. *48*

176

Vorbereitungshilfen

Hinweise auf enthaltene Schwierigkeiten

- Großschreibung substantivierter Infinitive
- Kommasetzung in der Entgegenstellung (jedoch), in den Satzgefügen (die, da, bei denen)
- Zahlwörter
- Kleinschreibung von Adjektiven, die von Ländernamen abgeleitet sind

Mögliche Vorgaben

- Fremdwörter: Comic, System, Ministerium
- Kommasetzung bei der Infinitivgruppe

Ein Raubtier im Aquarium

Wortzahl: 161

Kann denn das überhaupt **ernst** gemeint sein – ein Raubtier in einem Aquarium? Die **meisten** von euch können sich das sicher gar nicht vorstellen. Der Tierforscher Konrad Lorenz, der das **Leben** und **Verhalten** zahlreicher Tiere beobachtete, berichtet von einem ganz außergewöhnlichen Räuber, dem Gelbrandkäfer. *47*

Über das **Ungewöhnliche** im **Verhalten** dieses Käfers sollten vor allem Aquarianer **Bescheid** wissen. Wer nämlich bei einem Kescherfang zufällig die etwa 6 cm langen Larven des Gelbrandkäfers erwischt und zu Hause ins Aquarium setzt, muss auf **Schlimmes** gefasst sein. Innerhalb weniger Tage fressen sie im Allgemeinen alles **Lebende** auf, das größer ist als einen halben Zentimeter. Am **ungewöhnlichsten** ist jedoch, dass die Käferlarven sich gegenseitig vertilgen. *65*

Nur wenige Tiere fallen in höchster Not gleich große Artgenossen an. Die Larven des Gelbrandkäfers tun das aber sogar dann, wenn genügend **Essbares** vorhanden ist. Des **öfteren** schnappen sogar zwei Larven mit ihren zangenförmigen Kiefern einander gleichzeitig. Sie vergiften sich dadurch gegenseitig und sterben **alle beide** einen raschen Tod. *49*

161

Vorbereitungshilfen

Hinweise auf enthaltene Schwierigkeiten

- Großschreibung substantivierter Verben, Adverbien und Adjektive
- Kleinschreibung
  von Pronomen
  von Adjektiven in bestimmten Fügungen
- Kommasetzung in den Satzgefügen (der, wer, das, dass, wenn)

Mögliche Vorgaben

- Kescher, Aquarianer
- Eigenname: Konrad Lorenz, Gelbrandkäfer

Der Lauf

Wortzahl: 181

In der Antike wurde bei den Sportwettkämpfen zwischen **leichten** und **schweren** unterschieden. Zu den **leichten** zählten **Laufen**, **Springen** und **Speerwerfen**. *22*

Beim Laufen kennt man verschiedene Arten. Für **jede** muss man bestimmte Fähigkeiten in besonderem Maße besitzen. Als Langstreckenlauf gelten im **Allgemeinen** Distanzen ab 5000 m bei den Männern und ab 3000 m bei den Frauen. Bei einer solchen Strecke brauchen die Athleten vorrangig Ausdauer. Doch Ausdauer, körperliche Robustheit und Trainingsfleiß allein reichen nicht aus(,) um Höchstleistungen zu vollbringen. Man muss sehr viel Sauerstoff aufnehmen können. Dieses **Aufnahmevermögen** ist eine angeborene Besonderheit und bei jedem Menschen unterschiedlich ausgeprägt. *75*

Langstreckenläufer müssen unterwegs verpflegt werden. Die erste Station für den Läufer kommt nach 10 000 m. Der Läufer muss nicht **essen**, darf aber auch nichts anderes zu sich nehmen als das vom Veranstalter des Wettkampfes angebotene **Essen**. *34*

Der Mittelstreckenlauf zwischen 400 m und einer Meile stellt hohe Anforderungen an Organkraft und Kreislauf. Im **Ganzen** kann man sagen, dass die Mittelstreckenläufer **beides** haben müssen: Ausdauer und Sprintkraft. *27*

Die Sprinter bewältigen die kürzesten Distanzen. Am **nötigsten** brauchen sie Schnellkraft. Das starke **Beanspruchen** der Muskulatur führt bei Sprintern des **Öfteren** zu Verletzungen. *23*

181

Vorbereitungshilfen

Hinweise auf enthaltene Schwierigkeiten

- Groß- und Kleinschreibung von Adjektiven, Adverbien und Verben
- Kommasetzung in der Entgegenstellung (aber) und im Satzgefüge (dass)
  Doppelpunkt

Mögliche Vorgaben

- Doppelpunktverwendung
- Fremdwörter: Athleten, Distanz, Antike, Training
- Vereinbarung über die Schreibung der Zahlen
- Kommasetzung bei der Infinitivgruppe

Gedächtnis und Gedächtnistraining

Wortzahl: 196

Kürzlich demonstrierte uns mein Vater das Ergebnis eines ungewöhnlichen Einprägungsprozesses. *13*

Als **Dreizehn-** oder **Vierzehnjähriger** hatte er – wie häufig während der Schulzeit – Vokabeln zu lernen. Trotz zahlreicher Wiederholungen wollte ihm aber **eines Nachmittags** das **Einprägen** eines Wortes nicht gelingen. Als er zu schimpfen begann, wurde der ältere Bruder auf den **jüngeren** aufmerksam. Dank seiner Hilfe konnte sich der **Verzweifelte** das Wort nun spielend einprägen. *55*

Sein Bruder begleitete nämlich die Aussprache des russischen Wortes für nachäffen mit solchen Grimassen, dass der Wortsinn schlagartig und eindrucksvoll veranschaulicht wurde. Durch dieses mimische und gestische **Unterstützen** und **Veranschaulichen** ließ sich das Wort nun **ohne weiteres** merken. *38*

Von diesem **Vorgehen** ging sogar eine Doppelwirkung aus: Mein Vater hat die wenig gebräuchliche Vokabel **jahrzehntelang** im Gedächtnis behalten und sogar mir prägte sie sich nach einmaligem **Anhören** der Erzählung ein. *31*

Da der Vergessensprozess normalerweise sofort nach dem **Lernen** beginnt, muss man ihm entgegenwirken. Unterschiedliche Methoden und Verfahren sind dazu geeignet. *20*

Im Allgemeinen muss dem ersten **Einprägen** ein mehrfaches **Wiederholen** und **Verarbeiten** folgen. Wichtig sind dabei vor allem Beziehungen zu bereits früher **Gelerntem** und das Suchen einer Gedächtnisstütze. Dadurch bekommt scheinbar völlig **Unbekanntes** einen Sinn und wird im Gedächtnis fester verankert. *40*

196

Vorbereitungshilfen

Hinweise auf enthaltene Schwierigkeiten

- Großschreibung von Verben und Adjektiven, Zahlwörtern, Adverbien
- Kleinschreibung von Adjektiven und Adverbien in bestimmten Fügungen
- Kommasetzung in den Satzgefügen (als, dass, da), in der Satzverbindung (und)

Mögliche Vorgaben

- Doppelpunkt und Gedankenstriche
- Grimassen, mimisch, gestisch, nachäffen
- Kommasetzung bei der Infinitivgruppe, kein Komma in der Satzverbindung vor und

Popmusik

Wortzahl: 178

Unter dem Begriff Popmusik werden die unterschiedlichen Arten moderner populärer Musik zusammengefasst. Bei einer **Umfrage** in einer Klasse würde wahrscheinlich **fast jeder etwas anderes** als Pop bezeichnen. Von Discomusik wäre bei den **einen** die Rede, mit Beat würde sie von **anderen** umschrieben. Ganz sicher gäbe es auch **einige**, die sie mit Rock oder Blues gleichsetzen würden. *57*

Alle diese Stilrichtungen lassen sich schon nach kurzem **Zuhören** an bestimmten Gemeinsamkeiten als Popmusik erkennen: Elektrogitarren herrschen vor, das Schlagzeug markiert den Rhythmus. Es wird auf eine natürliche Art des **Singens Wert** gelegt. Die **Hörer** sollen leicht mit- oder nachsingen können. *41*

Warum aber klingt die Popmusik so ganz anders als traditionelle europäische Musik? Der wichtigste Unterschied besteht im gleichzeitigen **Spielen** und **Kombinieren** ganz verschiedener Rhythmen. Diese Eigenart wurde der Musik der Afroamerikaner entnommen. Rhythmische Spannungen sind das Hauptmerkmal des Jazz und der gesamten Popmusik. In der europäischen Tradition ist dagegen ein einfaches **Gliedern** nach regelmäßigen Betonungsschwerpunkten üblich. *56*

Heute lebt die Popmusik vor allem von der Technisierung, von elektronischen **Klängen** und Geräuschmontagen, die mit **Hilfe** verschiedener Effektgeräte und neuer Aufnahmeverfahren ermöglicht werden. *24*

178

Vorbereitungshilfen

Hinweise auf enthaltene Schwierigkeiten

- Kleinschreibung von Pronomen
- Großschreibung substantivierter Verben
- Fremdwörter
- Kommasetzung in den Satzgefügen (die) und Satzverbindungen

Mögliche Vorgaben

- Fachwörter: Beat, Blues, Jazz, Rhythmus, Discomusik, Rock, Elektrogitarren, Afroamerikaner
- Doppelpunkt und Großschreibung des ersten Wortes im Ganzsatz

Die kritische halbe Sekunde

Wortzahl: 194

Eine alte **japanische** Geschichte erzählt von einem berühmten Samurai, der seinen Lehrling durch eine sehr harte Schule gehen ließ. Der Schüler musste zunächst von **morgens** bis **abends** Hausarbeiten verrichten, bis er auf seinem Lernrecht im Schwertkampf bestand. *41*

Von da an wurde er des Lebens nicht mehr froh. Der **Alte** lauerte im Haus und **im Freien**, bei Tag und bei Nacht hinter jeder Ecke mit einem Bambusknüppel(,) um dem **Jungen** überraschende Schläge zu versetzen. Aber nach langen schlimmen Wochen hatte der so **Behandelte** die erste Lektion des Schwertkampfes gelernt. Er wehrte jeden Angriff durch sofortiges blitzschnelles **Reagieren** ab, in jeder Lage, bei jeder Tätigkeit, mit jedem Mittel. *69*

Das war auch das Ziel dieses Trainings: ein augenblickliches und automatisches Reagieren, das kein **Überlegen**, kein bewusstes **Denken** braucht. *19*

Schüler, Eltern und Pädagogen lehnen heute **im Allgemeinen** so ein unbarmherziges **Drillen** ab. Dennoch hatte dieser alte Lehrer in einem **Recht**: Eine Verbindung zwischen Reiz und Reaktion, zwischen Signal und Handlung wird dann am besten geknüpft, wenn **beide** im Abstand von einer halben Sekunde **aufeinander folgen.** Was nicht in einer halben Sekunde gelernt wird, wird schlechter oder gar nicht gelernt. Das gilt für jegliches **Lernen**. *65*

194

Vorbereitungshilfen

Hinweise auf enthaltene Schwierigkeiten

- Großschreibung substantivierter Verben und Adjektive
- Kleinschreibung von Adjektiven, Adverbien und Pronomen
- Kommasetzung in den Satzgefügen (der, bis, wenn, was, das)

Mögliche Vorgaben

- Fremdwörter: Samurai, Bambus
- Doppelpunkte und Schreibung des ersten Wortes nach ihnen
- Kommasetzung bei der Infinitivgruppe

Das Mountainbike

Wortzahl: 179

In der Mitte der achtziger Jahre hat eine wahre **Fahrrad-Revolution stattgefunden**. Ein völlig neues Fahrrad setzte sich durch, obwohl es am Anfang **schlecht gemacht** und belächelt worden war. Zuerst kam das **Mountainbike** in Amerika auf. Heute ist es auch im gesamten **mitteleuropäischen** Raum **zu Hause**. Ursprünglich war es ein reines **Fun-Rad**. Es wurde vorrangig für **Berg-und-Tal-Fahrten** benutzt, denn man kann mit ihm steile Hänge **hinunterrasen** und in einem niedrigen Gang wieder **hinauffahren**. *79*

Das **dick bereifte** Mountainbike eroberte sich zunächst nur die Herzen der Radfahrer, dann auch die Gunst **derjenigen**, die vorher nur selten **Rad fuhren**. Das Bike wird nicht gekauft und bald **wieder stehen gelassen**. **Aufgrund** seiner besonderen Konstruktion kommt jeder schnell damit **zurecht**, **sodass** es auch wirklich gefahren wird. Es eignet sich für den täglichen Stadtverkehr **genauso** wie für sportliche Zwecke und hat die Vielseitigkeit, die es für alle möglichen Geländearten **geeignet macht**. *72*

Auch wenn inzwischen **bekannt ist**, dass das Rad im Gebirge oder auch auf bestimmten Wegen Schaden verursacht, ist der Mountainbiker nicht von der Liebe zu seinem Rad **abzubringen**. *28*

179

Vorbereitungshilfen

Hinweise auf enthaltene Schwierigkeiten

- Kommasetzung in den Satzgefügen (obwohl, denn, dann, die, sodass, dass)
- Kommasetzung bei Infinitivgruppen
- Bindestrichschreibung

Mögliche Vorgaben

- Vereinbarung über die Schreibung von: aufgrund/auf Grund und sodass/so dass
- Schreibung der Zahl: achtziger/80er
- Bindestrichschreibung

Die Kleidung der Schotten

Wortzahl: 170

Jedes Jahr im Mai reisen viele schottische Familien nach London, weil dort der schottische Ball **stattfindet**. Sie wollen sich in England mit den **dort lebenden** Landsleuten treffen und **miteinander feiern**. *34*

Der Ball versetzt Besucher, die **das erste Mal** teilnehmen, in Erstaunen: Die Männer tragen einen Rock, der Kilt genannt wird. *20*

Die meisten Leute jedoch wissen nicht, wie diese Nationaltracht der Schotten entstanden ist. Im 11. Jahrhundert kleideten sich die Schotten in eine Tunika aus **leuchtend gelbem** Leinen. Außerdem trugen sie einen Umhang und **manchmal** kurze Hosen. **Irgendjemand** schrieb **irgendwann einmal** sehr verwundert: Sie kennen keine Kleider außer ihren **selbst gefärbten** Hemden und einer leichten Wolldecke. *54*

Seit Jahrhunderten ziehen die Schotten das gelbe Hemd nicht mehr an. **Beibehalten** wurde dagegen die Wolldecke. Man breitete sie auf dem Boden aus und konnte sich **darauf legen**. Beim Aufstehen wurde sie in **Taillenhöhe** mit einem Gürtel **zusammengehalten**. Nun bildete der untere Teil der Decke einen Rock, den oberen legte man schräg über die Schulter. So kamen die Schotten zu ihrem Rock. *62*

170

Vorbereitungshilfen

Hinweise auf enthaltene Schwierigkeiten

- getrennt und zusammengeschriebene Verben, Adjektive und Adverbien
- Kommasetzung
  in der Satzverbindung
  in den Satzgefügen (weil, die, der, wie)

Mögliche Vorgaben

- Eigennamen: London, schottischer Ball, Schotten, Kilt, Tunika
- Hinweis auf den Doppelpunkt und die Großschreibung des ersten Wortes im Ganzsatz.

Parfüm aus Blüten

Wortzahl: 174

Wenn wir **spazieren gehen** und an einem Garten mit blühenden Blumen **vorbeikommen**, dann riechen wir **manchmal** schon von weitem den Duft der Blüten. Dieser Duft ist aber **keinesfalls** zu unserem Wohlgefallen geschaffen. Als noch **gar** keine Menschen auf der Erde lebten, gab es schon Blütenpflanzen. *48*

Die Blüten werden ausgebildet(,) um Insekten **anzulocken**. Diese sollen die Pollen von einer Pflanze zur anderen **weitergeben** und damit die Entwicklung von Samen **auslösen**. *24*

Ursache des Blütenduftes sind bestimmte Öle, welche die Grundstoffe unserer Parfüme enthalten. *12*

Die Stoffe werden aus den Blüten gewonnen, **indem** man sie in einem Kessel mit Wasser kocht. Durch die Hitze werden die **leichtflüchtigen** Öle **freigesetzt**. Wenn man den Wasserdampf wieder zu Wasser abkühlt, sammelt sich das Öl **obenauf**. Nun kann man die beiden Flüssigkeiten **leicht trennen**. *47*

Manche Öle können jedoch durch heißes Wasser zerstört werden. In solchen Fällen gibt man die Blüten in **kochend heißes** Fett. Es kann die Duftstoffe aufnehmen. Auf diese Weise gewinnt man **beispielsweise** Rosenöl. Die Duftstoffe werden zur Parfümherstellung nur in ganz starker Verdünnung benötigt. *43*

174

Vorbereitungshilfen

Hinweise auf enthaltene Schwierigkeiten

- getrennt- und zusammengeschriebene Adjektive, Verben, Adverbien
- Kommasetzung
  in den Satzgefügen (dann, als, wenn, indem, welche)

Mögliche Vorgaben

- Schreibung von Parfüm/Parfum
- Schreibung des Wortes Wohlgefallen
- Kommasetzung bei der Infinitivgruppe

Über den Stierkampf

Wortzahl: 187

Der Stierkampf ist der Nationalsport Spaniens. Für den Liebhaber ist er **zweifellos** mehr als Sport und Zeitvertreib. Er ist ein Schauspiel **allerhöchsten** Mutes und **vollendeter** Körperbeherrschung des Stierkämpfers. *31*

Dieser **jahrhundertealte** Sport ist heute heftiger Kritik ausgesetzt. Viele Menschen betrachten ihn als **tierfeindlich**, roh und grausam. Der Stier kommt lediglich **ein einziges Mal** in die Arena. Er wird in der Regel vom Stierkämpfer besiegt. Selbst wenn das Tier den Kampf **überlebt**, muss es getötet werden. So sieht es ein Gesetz in Spanien vor. Der Stier hätte nach dem Kampf **so viel** gelernt, dass es für einen Stierkämpfer **schwerwiegende** Folgen haben könnte, wenn man das Tier ein zweites Mal zum Kampf in die Arena ließe. *85*

In Portugal oder Frankreich jedoch werden Stierkämpfe ohne die Tötung des Stieres **ausgetragen**. *13*

Früher wurden die Stierkämpfe für das spanische Volk veranstaltet. Heute werden Touristen von diesem Schauspiel **angezogen**, die sich meistens nur einen einzigen Kampf ansehen. Danach lehnen sie diesen Brauch häufig ab, weil sie die Tötung des Tieres als schrecklich erleben. **Allerdings** können sie sich dem so besonderen Reiz dieses **farbenprächtigen** Schauspiels und der Stimmung der Zuschauer kaum entziehen. *58*

187

Vorbereitungshilfen

Hinweise auf enthaltene Schwierigkeiten

- zusammen- und getrenntgeschriebene Verben, Adjektive und Adverbien
- Kommasetzung in den Satzgefügen (wenn, dass, die, weil)

Mögliche Vorgaben

- Fremdwort: Arena

Die sieben Weltwunder

Wortzahl: 210

Seit mehr als 2200 Jahren ist die berühmte Auflistung von sieben Wundern von einer Generation zur anderen **weitergegeben** worden. Sicherlich werden euch gleich die Pyramiden, der Leuchtturm von Alexandria oder die Gärten von Babylon **einfallen**. Dichter und Geschichtsschreiber haben sie **bekannt gemacht**. *Hinzugezählt werden jedoch auch weniger* **namhafte** *Kunstwerke, wie der Artemistempel von Ephesos oder die Zeusstatue von Olympia**. Das Grabmal des Mausolos hat ebenfalls **dazugehört**. Noch jetzt werden prächtige Grabstätten **danach benannt**. *75*

Die antiken Kulturen sind schon vor langer Zeit **untergegangen**. Oft lassen sich nicht einmal die Ruinen der Wunder von einst **wiederfinden**. **Jahrhundertelang** hat sie der Wüstensand **zugedeckt**. Genaues Wissen über manche der Weltwunder ist daher **verloren gegangen**. So weiß man über die einst mächtige Statue des „Koloss von Rhodos" nur wenig. Überlieferungen haben die Menschen jedoch zu phantasievollen Beschreibungen der Figur angeregt. Wenn man den Berichten glauben will, haben die Beine des Koloss einstmals die Hafeneinfahrt der Stadt **überspannt**, so dass Schiffe darunter **hindurchfahren** konnten. *85*

Heutzutage könnten wir **anzweifeln**, ob die antike Auswahl **hervorragender** Kunstwerke **angemessen** war. Im 3. Jahrhundert v. d. Z. (v. Chr.) aber bereisten die Griechen nur den Mittelmeerraum. Die großen Bauwerke in China, Japan, Indien oder gar Afrika und Amerika haben sie nicht **kennen gelernt**. *38*

Wir müssten daher einiges **richtig stellen** und Wunder aus aller Welt **einbeziehen**. *12*

210

Vorbereitungshilfen

Hinweise auf enthaltene Schwierigkeiten

- Zusammen- und Getrenntschreibung von Verben und Adverbien
- Kommasetzung in den Satzgefügen (so dass, wenn, ob)

Mögliche Vorgaben

- Fremdwörter und Eigennamen: Pyramiden, Alexandria, Babylon, Artemistempel, Ephesos, Zeusstatue, Olympia, Mausolos, Koloss von Rhodos
- Schreibung von v. d. Z./v. Chr.
- Überschrift
- phantasievoll/fantasievoll

* Dieser Satz muss nicht mitgeschrieben werden.

Das Piano in der Hosentasche

Wortzahl: 178

Irgendwie ist dieses kleine und leicht **zu spielende** Instrument etwas Besonderes. Beinahe **jedermann**, der es **kennen lernte**, hat es auch **lieb gewonnen**. Es wird liebevoll „Seelentröster“ oder „Fifi“ genannt. Allerdings können auch respektlose Namen wie „Maulorgel“ oder „Rotzbremse“ auftreten. *44*

Tatsache ist, die Mundharmonika hat vor etwa 175 Jahren ihren Siegeszug um die Welt angetreten und bis heute **landaus**, **landein** nichts an Beliebtheit eingebüßt. Ein Mundharmonikaspieler braucht keine Vorkenntnisse, sein Instrument muss nicht gestimmt werden und **aufgrund** der Größe passt es in jede **mittelgroße** Hosentasche. *44*

Mancher schafft vielleicht darauf nur eine **winzig kleine** Melodie, andere mögen es **fertigbringen**(,) zwei Mundharmonikas gleichzeitig zu spielen, wobei sie eine davon durch die Nase blasen. Das ist möglich, weil im Inneren des Instrumentes zehn Kanzellen und Stimmplatten mit je zwei Stimmzungen unterschiedlicher Höhe Schwingungen **vollbringen können**. So werden beim **Hineinblasen** oder **Ansaugen** der Luft die Stimmzungen zum Klingen gebracht und erzeugen die verschiedenen Töne. *66*

In der Weltmusik ist das **einfach handhabbare** „Pocket-Piano“ nicht mehr **wegzudenken**. Namhafte Musiker haben das Blasinstrument erprobt, Bob Dylan **ebenso** wie die Beatles. *24*

178

Vorbereitungshilfen

Hinweise auf enthaltene Schwierigkeiten

- Kommasetzung in den Satzgefügen und mehrfach zusammengesetzten Sätzen und in Satzverbindungen
- Groß- und Kleinschreibung
- s, ss, ß
- Bindestrichschreibung

Mögliche Vorgaben

- Kanzellen
- Vereinbarung über die Schreibung aufgrund/auf Grund und über die Zahlen
- Eigennamen: Bob Dylan, Beatles

Windenergie

Wortzahl: 159

Ohne Elektroenergie kann unsere Gesellschaft nicht **auskommen**. **Bekanntermaßen** jedoch ist die Energiegewinnung aus Kohle oder Erdöl eine Umweltbelastung. Außerdem ist ein Ende dieser Brennstoffvorräte **abzusehen**. Einige **Jahrzehnte lang** versuchte man deshalb(,) die Kernenergie **auszubauen**, aber beim Betreiben der Reaktoren sind Risiken nicht **auszuschließen**. *44*

Seit der Katastrophe von Tschernobyl ist auch bei vielen Wissenschaftlern die Vorstellung von der sauberen und **risikoarmen** Energiegewinnung **verloren gegangen**. So ist es **nahe liegend**(,) auf die natürlichen Kräfte von Wasser, Sonne und Wind **zurückzugreifen**. Schon ein Bruchteil der vorhandenen Windenergie könnte den Strombedarf **abdecken**. Diese ist aber nicht **leicht nutzbar zu machen**, selbst mit **riesengroßen** Windradanlagen nicht. *58*

Erstmals ausprobiert wurde die Kraft des Windes für Segel. Schon vor 1300 Jahren trieb man in Persien mit Windmühlen verschiedene Landmaschinen an. In Europa gab es seit dem 12. Jahrhundert **vom Wind getriebene** Mühle. Mit ihnen erleichterte man das **Wasserpumpen**, **Holzsägen** und **Getreidemahlen**. *41*

Derzeit überlegen Wissenschaftler sogar, ob nicht Meereswellen **irgendwie** zur Erschließung von Windenergie **nutzbringend** eingesetzt werden können. *16*

159

Vorbereitungshilfen

Hinweise auf enthaltene Schwierigkeiten

- Kommasetzung bei Satzgefügen (die, aber, ob), bei Nachträgen und bei Infinitivgruppen

Mögliche Vorgaben

- Risiken, Reaktor, Katastrophe, Tschernobyl, Persien
- Vereinbarung über die Schreibung von nutzbringend/Nutz bringend

Der Turm zu Babel

Wortzahl: 166

Die Bibel erzählt, dass die Menschen am Anfang nur eine Sprache hatten. **Irgendwann** beschlossen sie(,) einen Turm bis zum Himmel **zu bauen**. Gott strafte sie für ihren Hochmut, indem er ihre gemeinsame Sprache verwirrte und eine Verständigung **untereinander zunichte machte**. Sie zerstreuten sich in alle Himmelsrichtungen. *50*

Die Archäologie hat die Hintergründe der Bibelgeschichte **herausgefunden** und **bekannt gemacht**. Babel ist der biblische Namen für die Stadt Babylon. Den Archäologen gelang es, Beweise für ein Bauwerk **zutage zu bringen**, das dem Turm der biblischen Geschichte glich. *38*

Dieser Turm war für das Nomadenvolk der Judäer ein **weit hinausweisendes** Zeichen der reichen und verhassten Stadt. Den Verfall des Bauwerkes begründeten sie daher mit dem vernichtenden Zorn ihres Gottes. *30*

Alexander der Große beschloss beim Anblick des Turmes(,) ihn **abzutragen, heimzubringen** und in seiner Hauptstadt **wieder erstehen** zu lassen. Er starb(,) ohne den **Wiederaufbau** begonnen zu haben. 1899 hat der Archäologe Koldewey die Fundamente des Turmes **wiederentdeckt**. Nach seinen Forschungsarbeiten war der Turm eine **7-geschossige** Stufenpyramide von 90 Metern Höhe. *48*

166

Vorbereitungshilfen

Hinweise auf enthaltene Schwierigkeiten

- Kommasetzung in Satzgefügen (dass, indem, das) und bei Infinitivgruppen

Mögliche Vorgaben

- Babylon, Babel, biblisch, Archäologie, Koldewey, Judäer, Stufenpyramide, Alexander der Große
- Vereinbarung über die Schreibung von 7-geschossig/siebengeschossig, zutage/zu Tage

Die Gitarre

Wortzahl: 156

In Rockkonzerten kann man Gitarristen mit ihren unterschiedlichen Gitarren **zusammen spielen** hören. *14*

Die Gitarre ist derzeit **weit verbreitet** und eines der beliebtesten Musikinstrumente. **Kennen gelernt** hat man sie im Mittelalter zuerst in Spanien. In Deutschland ist das Instrument im 18. Jahrhundert **bekannt gemacht** worden. Es ersetzte die **jahrelang gespielte** Laute, deren Beliebtheit **verloren gegangen** war. *42*

Meist dient die Gitarre einfach nur als Rhythmusinstrument oder der Liedbegleitung. **Wie viel** schwieriger aber ist das Spielen einer Melodie und einer **hinzukommenden** Begleitung. Als Soloinstrument wird die Gitarre jedoch häufig so gespielt und **Stücke schreiben** für Gitarrensoli wurde seit dem 19. Jahrhundert zu einer anspruchsvollen Aufgabe für viele Komponisten. *49*

Die wichtigsten Gitarrentypen sind die mit sechs Saiten bezogene klassische Gitarre und die Elektrogitarre. Unter den verschieden **straff gespannten** Saiten der Elektrogitarre können Tonabnehmer **angebracht sein**, die die Schwingungen **aufnehmen**, **aufrechterhalten** und verstärken. Dadurch ist man **imstande**(,) auch ohne den Resonanzkörper eine großen Saal mit dem Klang einer Gitarre zu füllen. *51*

156

Vorbereitungshilfen

Hinweise auf enthaltene Schwierigkeiten

- Kommasetzung beim Satzgefüge (deren) und bei Infinitivgruppen

Mögliche Vorgaben

- Fremdwörter aus dem Bereich der Musik: Akkord, Rhythmus, Resonanz
- Vereinbarung über die Schreibung von: Rockkonzert/Rock-Konzert, imstande/im Stande

Die Gestalt der Monate

Wortzahl: 178

Im Zweistromland und im alten Ägypten beobachteten die Gelehrten den Lauf der Gestirne. **Anhand** der **wahrgenommenen** regelmäßigen Abläufe konnten sie einen ersten Kalender **zusammenstellen**. **Mit Hilfe** dieses Kalenders gelang es den Menschen(,) die geeigneten Zeitpunkte für Aussaat und Ernte zu bestimmen. *45*

Zwölf Tierkreiszeichen wurden **festgelegt**(,) um die Monate zu bezeichnen. Das Jahr begann am Frühlingspunkt, im Zeichen des Widders. **Nahe gebracht** wurden den Menschen die Monate als Götterdarstellungen. **Übrig geblieben** davon sind bei den Römern und Griechen Monatsabbildungen von arbeitenden Menschen. Sie erinnern mit ihren Arbeitsgeräten an die sich **jeweils wiederholenden** Tätigkeiten für jeden Monat. *54*

In gotischen Kirchen finden sich **künstlerisch gestaltete** Monatsfiguren verbunden mit den Tierkreiszeichen. In der Kathedrale von Amiens z. B. gibt es diese Darstellungen und noch eine **winzig kleine** Besonderheit. *28*

Hier ist für den Januar der römische Gott Janus **bestehen geblieben**, der dem Monat seinen Namen gab. Er ist von alters her **zweideutig** dargestellt, schaut gleichzeitig vorwärts und rückwärts, **Dank sagend** dem vergangenen Jahr und **vorwärts blickend** auf das neue Jahr(,) es zu beschützen und zu einem guten Ende zu führen. *51*

178

Vorbereitungshilfen

Hinweise auf enthaltene Schwierigkeiten

- Kommasetzung bei Infinitivgruppen
  bei Aufzählungen
  beim Nachtrag
  beim Satzgefüge (der)

Mögliche Vorgaben

- Fremdwörter und Eigennamen: gotisch, Kathedrale, Amiens, Janus, Tradition
- Vereinbarung über die Schreibung von: mit Hilfe/mithilfe, Dank sagend/danksagend

Biosphäre 2

Wortzahl: 178

Im September 1991 begann in der Wüste von Arizona ein ungewöhnliches **Experiment**. Acht Personen wurden dort für zwei Jahre in einem **Glaskomplex** völlig **isoliert**. Sie lebten in einem von der Umgebung unabhängigen **Biosystem**. Die „Bionauten" mussten sich ausschließlich vom Feldbau und der Viehzucht auf einem 0,5 **Hektar** großen Stück Ackerland ernähren. *50*

Durch Wiederaufbereitung des Wassers, Reinigung der Luft und Wiederverwendung bereits genutzter Rohstoffe wurde ein Kreislauf geschaffen, der eine **Kopie** des ursprünglichen **biologischen Systems** unserer Erde darstellen sollte. *27*

Der Versuch war auch als Vorbereitung auf **extrem** lange Weltraumflüge gedacht, die eine solche Selbstversorgung in einer Mini-Welt erforderlich machen. *20*

Das Leben in dem Glashaus verlief nicht **problemlos**. Es gab zum Beispiel Schwierigkeiten mit der Ernährung. Roggen, Gerste und **Zitrusfrüchte** gediehen schlecht. Dafür wucherten andere Pflanzen **enorm**. Doch die vier Frauen und die vier Männer verhungerten nicht und **terrorisierten** sich auch nicht gegenseitig. Manchmal sehnten sie sich jedoch nach Abwechslung, z. B. nach einem Essen im **Restaurant**, nach anderen Menschen, nach einem **Kino-** oder **Konzertbesuch**. *63*

Der wissenschaftliche Wert des Experiments ist nicht unumstritten. **Kritiker** betrachteten das **Projekt** nur als **raffinierte** Geldanlage eines **Öl-Milliardärs**. *18*

178

Vorbereitungshilfen

Hinweise auf enthaltene Schwierigkeiten

- Häufig gebrauchte Fremdwörter
- Kommasetzung in den Satzgefügen (der, die)

Mögliche Vorgaben

- Überschrift: Biosphäre 2
- Eigennamen: Arizona, „Bionauten"
- Schreibung von zum Beispiel/z. B.
- Bindestrich
- Schreibung von Öl-Milliardär

Der Eurotunnel

Wortzahl: 192

Von Frankreich aus konnte man England bisher nur mit dem Flugzeug oder mit dem Schiff erreichen. Zwar **existierten** seit langem Pläne für den Bau einer **direkten** Landverbindung, aber erst 1987 wurde ein Vertrag darüber unterzeichnet. Dieser gab dem Unternehmensverbund Eurotunnel für 55 Jahre das Recht(,) mit **privater Finanzierung** einen Tunnel unter dem Ärmelkanal zu bauen und zu betreiben. *58*

Der Eurotunnel besteht aus drei Röhren. Zwei Hauptröhren sind für den Güter- und **Autotransport** vorgesehen. Ein **separater Reparaturtunnel** sorgt für Belüftung und dient als Notausgang. *24*

Der Tunnelbau stellte eine **enorme** Herausforderung für die **Ingenieure** dar. **Geologen** wussten von früheren Tunnelbauproben, dass der kürzeste Weg nicht immer der beste ist. Nur eine einzige der vorhandenen Gesteinsschichten war für den Tunnelbau geeignet. Die anderen Schichten waren brüchig oder wasserdurchlässig. *42*

Nach den Bohrungen wurde der frisch ausgehobene Tunnel mit **Betonschalen** ausgekleidet. Daher besteht er aus Tausenden von **Segmenten**. Die Fugen zwischen Schalen und Gestein sind mit Mörtel ausgefüllt oder mit **Gummidichtung** ausgestrichen. *32*

Bereits während des Tunnelbaues dachte man über **universelle** Sicherheitsvorkehrungen nach. So gibt es heute Anlagen, die Überschwemmungen verhindern. Im Notfall kann man auch Schutz im Versorgungstunnel finden. Von dort kann man zu Fuß ans Ende gelangen. *36*

192

Vorbereitungshilfen

Hinweise auf enthaltene Schwierigkeiten

- Fremdwörter aus dem Bereich der Technik
- Groß- und Kleinschreibung
- Kommasetzung in den Satzgefügen (dass, die) und in der Satzverbindung

Mögliche Vorgaben

- Vereinbarung über die Schreibung der Zahlen
- Ergänzungsbindestrich
- Ärmelkanal
- Kommasetzung bei der Infinitivgruppe

Wie sich Bienen verständigen

Wortzahl: 212

Zoologen waren schon seit langer Zeit daran **interessiert**(,) die Geheimnisse der **Insektenstaaten** zu erforschen. *18*

Wie **funktioniert** ein aus über 50 000 Bienen bestehender **Staat**? Woher weiß jede einzelne Biene, was zu tun ist? Wie verständigen sie sich? Wie **orientieren** sie sich? Auf solche und ähnliche Fragen können die Wissenschaftler heute Antworten geben. *36*

Insekten verfügen über **chemische**, **optische** und **mechanische** Zeichen und **Signale**, die der Verständigung untereinander dienen. Sie können riechen, schmecken, sehen und tasten. Und so erfolgt auch die Verständigung im Insektenstaat. *30*

Wenn zum Beispiel eine Biene eine ergiebige **Nektar**- oder Pollenquelle entdeckt hat, teilt sie das ihren Stockgenossinnen durch einen Tanz auf der Wabe mit. Ein Rundtanz zeigt eine nahe beim Stock liegende Quelle an. Mit einem Schwänzeltanz wird eine weiter entfernte Quelle **signalisiert**. Die Entfernung wird durch die Häufigkeit der Schwänzelbewegungen mitgeteilt, die Richtung mit Hilfe der **Tanzfigur**. *58*

Beim Schwänzeltanz läuft die Biene eine Acht. Sie läuft sie zehnmal in fünfzehn **Sekunden**, wenn die Quelle etwa hundert Meter entfernt ist. Aber sie läuft sie nur drei- oder zweimal bei tausend oder zweitausend Meter Entfernung. *36*

Die Bedeutung dieser Bienentänze hat der **Nobelpreisträger** Karl von Frisch erforscht, doch seine Gegner zweifelten die Ergebnisse an. Sie glaubten ihm erst, als er am Tanz der Bienen Richtung und Entfernung versteckt aufgestellter Futterquellen ablesen konnte. *36*

212

Vorbereitungshilfen

Hinweise auf enthaltene Schwierigkeiten

- Naturwissenschaftliche Fremd- und Fachwörter
- Kommasetzung bei Nebensätzen (was, die, wenn, als), in der Satzverbindung (doch)
- Zahlwörter

Mögliche Vorgaben

- Eigenname: Karl von Frisch, Nobel
- Vereinbarung über die Schreibung der Zahlen
- Kommasetzung bei der Infinitivgruppe

Sprach-Hits

Wortzahl: 158

Wenn bei einem Gespräch unter Jugendlichen die Rede von einem „**coolen Grufty**" ist, wissen Erwachsene nicht, ob das anerkennend oder abwertend zu verstehen ist. *26*

Ähnlich verhält es sich mit dem englischen **Verb** „**checken**", das in der **Sprachpraxis** häufig für „merken, kapieren, verstehen" gebraucht wird. Richtig wäre jedoch die Verwendung im Sinne von „prüfen". *29*

Probleme gibt es nicht nur bei der sinnrichtigen Verwendung von Fremdwörtern, sondern auch bei der Anpassung an die Regeln der deutschen **Grammatik**. *22*

Gegenwärtig ist eine Häufung englischer **Lexik** zu beobachten, insbesondere von Begriffen, die mit der **Computertechnik** und **Unterhaltungselektronik** in unsere Sprache einfließen. Diese **Fachtermini** sind im Allgemeinen **international** gebräuchlich. Für Personen jedoch, die mit der **Materie** nicht vertraut sind, bleiben diese Wörter eine fremde Sprache. *44*

Sprache ist die Entäußerung unseres Denkens, deshalb sollten wir jede sprachliche Neuerung **kritisch** prüfen und nicht alles für „**super**" halten, bloß weil es „**in**" ist. Vor allem sollten wir sprachliche **Marotten** als solche erkennen und werten.* *37*

158

Vorbereitungshilfen

Hinweise auf enthaltene Schwierigkeiten

- Kommasetzung
  in den Satzgefügen (wenn, ob, das, die, weil)
  in der Satzverbindung (deshalb)
  bei der nachträglichen Erläuterung (insbesondere)
  bei der Entgegenstellung (nicht nur – sondern auch)

Mögliche Vorgaben

- Sprach-Hits/Sprachhits, cooler Grufty/cooler Grufti, checken
- Anführungszeichen bei den sprachlichen Wendungen

* Folgender Beispielsatz kann genannt, sollte aber nicht diktiert werden: „Musikmäßig war die Schaffe total geil, nur männermäßig war sie irgendwie total ätzend."

Das Telefon

Wortzahl: 176

Schon seit Jahrhunderten ist **Kommunikation** auch über größere Entfernungen möglich, zum Beispiel mit Hilfe von **Rauchsignalen** oder Lichtzeichen. *20*

1876 erfand Alexander Graham Bell das **Telefon**. Nun war es gelungen, auch Sprache über große **Distanzen** zu übertragen. Seine Arbeit mit Gehörlosen hatte Bell **inspiriert**(,) Schallwellen **physikalisch** zu untersuchen. So entdeckte er, dass man die Schallwellen der Sprache in **elektrische** Stromschwankungen umwandeln kann. Damit hatte er das **Grundprinzip** des Telefons gefunden. *50*

Die ersten Telefone hatten ein trompetenförmiges **Mikrofon**. Es diente gleichzeitig als Lautsprecher. Wenn man in das Mikrofon sprach, wurden die Schallwellen über eine **Membran** in elektrische **Impulse** umgewandelt. Beim Empfänger lief dieser **Prozess** umgekehrt ab. Die erste **Konversation per** Telefon führte Herr Bell von New York nach Chicago. *48*

1877 entwickelte Thomas Edison das Telefon mit **separaten** Lautsprecher- und **Mikrofoneinheiten**. Wenn man den Hörer an den Haken hängte, wurde das Gespräch unterbrochen. *22*

Moderne Telefone ähneln den alten **Apparaten** kaum noch. Man kann zum Beispiel schnurlos **telefonieren** oder die Nachricht über **Satellit** zum Empfänger schicken. Die Wählscheibe kommt uns schon altmodisch vor. Meist haben heute **Tastaturen** ihre **Funktion** übernommen. *36*

176

Vorbereitungshilfen

Hinweise auf enthaltene Schwierigkeiten

- Fremdwörter aus dem technischen Bereich
- Kommasetzung in den Satzgefügen (dass, wenn), bei der nachträglichen Erläuterung

Mögliche Vorgaben

- Graham Bell, Thomas Edison, New York, Chicago
- Ergänzungsbindestrich
- Schreibung von zum Beispiel/z. B.
- Kommasetzung bei der Infinitivgruppe

Unsichtbares Licht

Wortzahl: 168

Die Farben des sichtbaren Lichtes bilden nur einen kleinen Ausschnitt aus dem großen Band der Wellenlängen, das **elektromagnetisches Spektrum** genannt wird. *23*

Zu den Wellen, die kürzer sind als das sichtbare Licht, gehören das **ultraviolette** Licht, die **Röntgenstrahlen** sowie die **Gammastrahlen**. Langwelliger als das sichtbare Licht sind das **infrarote** Licht, die **Mikrowellen** und die **Radiowellen**. *33*

Sichtbares Licht und Wellenlängen zwischen 2,54 cm und 2000 cm gelangen bis zum Erdboden und können dort von **Astronomen** und anderen Wissenschaftlern untersucht werden. Ein kleiner Teil der Infrarotstrahlung kann von **Observatorien** empfangen werden, die auf Berggipfeln errichtet worden sind. Aber alle übrigen Wellenlängen werden von der **Atmosphäre** abgeblockt. *45*

Um Gammastrahlen, Röntgenstrahlen und einen großen Teil der ultravioletten und infraroten Strahlen überhaupt erforschen zu können(,) setzt man **Satelliten** ein, in denen die notwendigen **Instrumente** untergebracht sind. *27*

Viele **kosmische Objekte** strahlen nicht nur im sichtbaren, sondern auch im unsichtbaren Bereich. Mit Hilfe von **Computern** ist es jedoch möglich(,) auch von diesen Wellen sichtbare Bilder herzustellen. So erlaubt uns unsichtbares Licht(,) weit entfernte Ereignisse im **Kosmos** zu verfolgen. *40*

168

Vorbereitungshilfen

Hinweise auf enthaltene Schwierigkeiten

- Fremd- und Fachwörter aus dem Bereich der Physik
- Kommasetzung
  in den Satzgefügen (das, die, in denen)
  bei der Entgegenstellung (sondern)

Mögliche Vorgaben

- Vereinbarung über die Schreibung der Zahlen und Maßeinheiten
- Kommasetzung bei der Infinitivgruppe

Wissenswertes aus dem Sonnensystem

Wortzahl: 204

Unser **Sonnensystem** ist Teil einer **Galaxie**, die Milchstraße genannt wird. Als dritter von neun **Planeten** bewegt sich die Erde um unsere Sonne, einen **Fixstern**. **Astrophysiker spekulieren** über die **Existenz** eines noch unentdeckten, zehnten Planeten, der vorläufig Planet X heißt. *41*

Aber sind euch auch die folgenden **Fakten** bekannt? Obwohl die Venus der Erde am ähnlichsten ist, könnten Menschen dort nicht überleben. Gelbe Wolken aus **konzentrierter** Schwefelsäure ziehen am Himmel und es herrschen **Temperaturen** von fast 500 **Grad Celsius**. Die **Atmosphäre** ist so schwer, dass ein **Astronaut** am Boden zerquetscht würde. *49*

Auf dem Merkur vergeht ein Jahr am schnellsten. In nur 88 Tagen schafft der Planet auf seiner **elliptischen** Bahn einen Sonnenumlauf. Neptun hingegen benötigt dafür 165 Erdjahre. *25*

Mit elffachem Erddurchmesser ist Jupiter der größte Planet. Sein **Volumen** könnte über tausend Kugeln von Erdgröße fassen, und in seinem **Gravitationsfeld** kreisen 16 Monde. Er hat keine feste Oberfläche, sondern besteht wie die Sonne hauptsächlich aus Wasserstoff und **Helium**. *38*

Der Zwerg unter den Planeten ist Pluto. Sein **Radius** beträgt nur 1500 Kilometer, erst 1930 wurde er von einem Forscher eines amerikanischen **Observatoriums** gesichtet. Vielleicht ist der Saturn mit seinen geheimnisvollen Ringen der schönste Planet. Unsere Erde aber ist einzigartig. Auf ihr gibt es Wasser im flüssigen **Aggregatzustand**. So trägt sie Leben. *51*

204

Vorbereitungshilfen

Hinweise auf enthaltene Schwierigkeiten

- naturwissenschaftliche Fremd- und Fachwörter
- Kommasetzung in der Satzverbindung (und), in den Satzgefügen (die, der, dass, welche, obwohl), bei der Apposition, bei der Entgegenstellung (sondern)

Mögliche Vorgaben

- Galaxie, Fixstern
- elffach oder 11-fach

Wächter der Ewigkeit

Wortzahl: 144

Bei Bauarbeiten an der Peripherie der Atacama-Wüste im Norden Chiles fand man vor kurzem mehrere sitzende **Mumien**. Nach Einschätzung der Wissenschaftler sind es die ältesten, die bisher aufgefunden wurden. *33*

Bereits fünf Jahrtausende bevor die bekannten ägyptischen Mumien **einbalsamiert** wurden, **konservierte** man hier am südlichen Wendekreis die Verstorbenen in folgender Weise: Die **Organe**, Muskeln und das Fleisch wurden entfernt. Die Körper brannte man mit Holzkohle aus, füllte sie mit Erde, Wolle, Kräutern, Muscheln und Federn und **stabilisierte** die Knochen mit Stöcken. Wenn ein Stück Haut fehlte, dann wurde den Toten die Haut von Seevögeln eingesetzt. Das heiße und trockene Klima verhinderte den Zerfall der so **präparierten** Körper. *77*

Unweit der Mumien rollt der Pazifik in ständig gleichem **Rhythmus** an den Strand. Tag und Nacht kommen und vergehen, die toten Wächter aber schauen zum leeren **Horizont** der Wüste und warten auf die Ewigkeit. *34*

144

Vorbereitungshilfen

Hinweise auf enthaltene Schwierigkeiten

- Kommasetzung in den Satzgefügen (bevor, wenn, die), in der Satzverbindung

Mögliche Vorgaben

- Atacama-Wüste/Atacamawüste, Pazifik

Der Mikrochip

Wortzahl: 184

Die **Funktionsweise** von **Computern** beruht auf Schaltkreisen. Sie enthalten verschiedene Bauteile, wie Widerstände oder **Transistoren**. *17*

Während wir mit **Dezimalzahlen** rechnen, liegt dem Computer das **binäre Zahlensystem** zugrunde. Gewünschte Ergebnisse werden durch **Kombination** der **Signale** Null und Eins ermittelt. Seit 1960 **produziert** man Schaltkreise mit mehreren Bauteilen **serienmäßig**. Immer mehr **Bauelemente** konnten auf immer kleineren Grundflächen untergebracht werden. *49*

Das Zeitalter der **Mikroelektronik** begann. Mitte der 60er Jahre fanden 10 Bauteile auf einer Platte von wenigen **Millimetern** Seitenlänge Platz. Mit diesen Schaltkreisen wurden die Computer der dritten **Generation** gebaut. *28*

Heute werden in einem **komplizierten fotochemischen Prozess** mehr als 100 000 Transistoren auf einer Fläche von 25 **Quadratmillimetern integriert**. Damit lassen sich etwa 64 000 Nullen und Einsen speichern. Das entspricht ungefähr der Buchstabenzahl von 20 Buchseiten. Diese integrierten Schaltkreise werden **Mikrochips** genannt. Sie sind das Herz des Computers der vierten Generation. *44*

Gegenwärtig arbeitet man an einer Erhöhung der **Speicherkapazität** für Mikrochips bis zu einer **Million** Nullen und Einsen. Die Computer von morgen werden kleiner sein und in neue Bereiche vordringen. Es bleibt jedoch **Spekulation**, ob es Computer mit einer menschenähnlichen **Intelligenz** und **Kreativität** geben wird. *46*

184

Vorbereitungshilfen

Hinweise auf enthaltene Schwierigkeiten

- Fremdwörter aus dem Bereich der Technik
- Kommasetzung in den Satzgefügen (während, ob), bei der nachträglichen Erläuterung
- Schreibung von Zahlwörtern

Mögliche Vorgaben

- Vereinbarung über die Schreibung von Zahlen
- fotochemisch/photochemisch

So viele Fragen ...

Wortzahl: 189

In Zeiten **ökonomischer**, **sozialer** und **politischer Krisen** fragen viele Menschen nachdrücklich nach den Grundwerten des Daseins. *19*

Die älteste **Menschheitsutopie** ist sicher nicht zufällig die vom „goldenen Zeitalter“. Es ist der Wunsch nach paradiesischen Zuständen auf der Erde, einem friedlichen Zusammenleben aller Menschen in gegenseitiger Achtung. *29*

Aber schon bei der Klärung der Frage, ob es solch ein wunderbares Zeitalter zu Anbeginn der Menschheit gab oder ob es das Ziel einer langen **Evolution** ist, kommt es zum Streit. *31*

Heute stellt sich die entscheidende Frage vielleicht so: Ist die Staatsform der **Demokratie** mit dem Grundgedanken einer Gleichheit aller Menschen ausreichende **Garantie** einer friedlichen Entwicklung? *25*

Es könnte ja auch sein, dass der demokratische Parteienstaat mit seinen endlosen **Parlamentsdebatten** unfähig zu wesentlichen Entscheidungen ist. *18*

Welche Rolle spielt in einem Staatswesen die **Kultur**? Kann eine hohe Kultur Verunsicherungen, **Existenzangst** und Hass gegen alles Fremde verhindern? Bisher gibt es keine endgültigen Antworten auf diese Fragen. *29*

Wir wissen nur, dass bereits im Zeitalter der Aufklärung **Toleranz** als wichtigstes **Kriterium** wirklicher **Humanität** galt. In unserem Zeitalter, Jahrhunderte später, **akzeptieren** viele Menschen Anderssein und Andersdenken noch immer nicht als **Chance** eines besseren Zusammenlebens auf dieser Erde. *38*

189

Vorbereitungshilfen

Hinweise auf enthaltene Schwierigkeiten

- Fremd- und Fachwörter aus dem Bereich der Politik und Philosophie
- Kommasetzung in den Satzgefügen (ob, dass), bei den Appositionen

Mögliche Vorgaben

- Fragesätze
- „goldenes Zeitalter“

Leuchttürme

Wortzahl: 172

An wichtigen Punkten der Küste erheben sich Türme aus Beton oder Mauerwerk, **die Leuchttürme**. *15*

Sie sind meistens zylindrisch gebaut. Ihre Höhe schwankt zwischen vier bis fünf oder zwanzig bis dreißig Metern. In der Spitze des Laternenraumes befindet sich eine starke Lichtquelle, die durch Strom oder Gas gespeist wird. Diese Lichtquelle ist von einem System großer Speziallinsen**, den Gürtellinsen,** umgeben. Sie bündeln das Licht zu einem Strahl, der aufs Meer gelenkt wird. Das Licht mancher Türme**, das Leuchtfeuer,** ist so stark, dass man es aus einer Entfernung von 50 km sehen kann. Es gibt feste und unterbrochene Leuchtfeuer**, sogenannte Blink- oder Funkelfeuer**. *85*

Das Licht der Leuchttürme kann weiß oder farbig sein. Jeder Turm hat seine eigene Sprache oder Kennung**, das heißt einen bestimmten Rhythmus der Lichtsignale**. An diesem Rhythmus kann der Schiffsführer erkennen, um welchen Leuchtturm es sich handelt. Die Kennungen sind auf Karten**, sogenannten Seekarten,** eingezeichnet. *45*

In manchen Leuchttürmen gibt es Wohnungen. Dort leben Angestellte der Reedereien**, die Leuchtturmwärter**. Einige Türme jedoch sind unbewohnt. Sie müssen nur von Zeit zu Zeit überprüft werden. *27*

172

Vorbereitungshilfen

Hinweise auf enthaltene Schwierigkeiten

- nachgestellte und eingeschobene Appositionen, eine Erläuterung
- Kommasetzung in den Satzgefügen (der, dass, die)
- Ergänzungsbindestrich

Mögliche Vorgaben

- Rhythmus, zylindrisch, Reedereien
- Vereinbarung über die Schreibung der Zahlen

Die Einladung

Wortzahl: 195

Apolda, den 13. 11.

Hallo, wie geht es dir, liebe Biggi?

Viel zu lange haben wir uns nicht gesehen. Dabei passiert jeden Tag etwas, wovon ich dir erzählen möchte. Am Telefon kann ich das auch nicht immer alles sagen. So versuche ich es mal mit einem Brief**, einem Computerbrief**. *49*

Erinnerst du dich an Trixis Geburtstagsfete**, unser vorletztes Beisammensein,** bei der wir so viel Spaß hatten? Da war doch auch Micha dabei**, der niedliche Junge aus Frankfurt a. M.** Stell dir vor, er hat mir geschrieben und mich eingeladen. Er will mir Frankfurt**, seine Stadt,** zeigen. *46*

Ich bin total aufgeregt und würde am liebsten sofort losfahren. Aber am morgigen Sonnabend stellen wir unser Theaterprojekt vor**, eine ganz tolle Sache**. Da kann ich natürlich nicht fehlen. Nächstes Wochenende**, und zwar von Freitag bis Sonntag**, bin ich mit meiner Basketballmannschaft zu einem Ausscheid in Fulda. Also klappt es wieder nicht. Erst in drei Wochen**, am 4. Dezember(,)** kann ich zu ihm fahren. Hoffentlich halte ich es noch so lange aus. *76*

Ja**, liebe Biggi,** mich hat es ganz schön erwischt. Es ist nur gut, dass ich Dir davon erzählen kann. *19*

Tschüss, bis bald, deine Grit *5*

195

Vorbereitungshilfen

Hinweise auf enthaltene Schwierigkeiten

- Nachgestellte und eingeschlossene Appositionen und Erläuterungen
- Datumsangaben (bei denen das schließende Komma wegfallen kann)
- Kommasetzung in den Satzgefügen (das, dass), und in der Satzverbindung
- Zeichensetzung in der Anrede

Mögliche Vorgaben

- Frankfurt a. M., Trixi, Biggi, Micha
- Theaterprojekt, Basketball/Basket-Ball
- Zeichensetzung in der Anrede und bei der Grußformel (, oder !)

Terrorismus, ein Fluch unserer Zeit

Wortzahl: 159

Fast täglich berichten die Zeitungen von neuen Gewalttaten in der Welt. Wir lesen von 150 Urlaubern, die als Geiseln genommen wurden, über eine Flugzeugentführung in Beirut, über Bombenanschläge ... *32*

Diese Zwischenfälle sind Beispiele politischer Gewalt**, Terroranschläge**. Terroristische Organisationen gebrauchen Gewalt(,) um Regierungen oder bestimmte soziale Gruppen in Angst und Schrecken zu versetzen. Ihre Handlungen**, in jedem Fall kriminell,** erscheinen oft sinnlos. Aber sie verfolgen einen Zweck. Terroristen wählen sich bestimmte Ziele in der Öffentlichkeit**, zum Beispiel Flugzeuge, Geschäfte oder Bahnhöfe,** weil sie beweisen wollen, dass der Staat seine Bürger nicht schützen kann. Sie hoffen damit eine angstgeladene Atmosphäre**, bedrohlich für möglichst viele Menschen,** zu schaffen. Das normale Leben soll zusammenbrechen. *81*

Die einzelnen Regierungen gehen nicht geschlossen gegen das Problem vor, weil sie weitreichende Konsequenzen in der Außenpolitik befürchten. Dadurch breitet sich der Terrorismus mehr und mehr aus. Seit 1977 gibt es zwar die Anti-Terror-Konvention**, eine Vereinbarung zur Bekämpfung des Terrorismus,** aber sie bleibt ziemlich wirkungslos. *46*

159

Vorbereitungshilfen

Hinweise auf enthaltene Schwierigkeiten

- Appositionen und Adjektivgruppen
- nachgestellte Erläuterungen
- Kommasetzung in den Satzgefügen (die, weil, dass)

Mögliche Vorgaben

- Beirut
- Fremdwörter: Terrorismus, Atmosphäre, Konsequenzen, Anti-Terror-Konvention
- Auslassungspunkte
- Vereinbarung zur Schreibung der Zahlen
- Kommasetzung bei der Infinitivgruppe

Aus der Geschichte des Rades

Wortzahl: 165

Seit 5000 Jahren kennen die Menschen das Rad**, eine der wichtigsten mechanischen Erfindungen überhaupt**. Man findet Räder in fast allen Maschinen, Uhren, Windmühlen und natürlich in Autos. *31*

Die ersten Räder waren dicke Holzscheiben**, hergestellt aus Brettern**. Sie dienten als Töpferscheiben oder Wagenräder. *15*

Vor der Erfindung des Rades**, in der Steinzeit,** bewegte man schwere Lasten auf Rollen aus Baumstämmen, die man immer wieder neu unterlegen musste. Man verwendete neben Holz auch anderes Material**, zum Beispiel Stein**. Das Steinrad**, aus China und der Türkei bekannt,** war zwar sehr schwer, aber auch haltbar. *48*

Das Rad ermöglichte um 2000 v. d. Z. (v. Chr.) eine militärisch bedeutsame Erfindung**, den Streitwagen**. Seit dieser Zeit beschlägt man auch Wagenräder mit Metall. Diese Beschläge**, die ersten Reifen,** sollten das Rad vor Abnutzung schützen. *30*

Selbst das Radlager ist älter, als wir denken. Schon um 100 v. d. Z. (v. Chr.) fügten die Kelten**, ein europäisches Volk,** Leder zwischen Achse und Radnabe. Dadurch drehte das Rad sich leichter. *27*

Dänische Wagenbauer wussten zu dieser Zeit schon vom Rollenlager**, einem frühen Vorgänger des Kugellagers**. *14*

165

Vorbereitungshilfen

Hinweise auf enthaltene Schwierigkeiten

- Appositionen
- nachgestellte Erläuterungen und Partizipgruppen
- Kommasetzung
  vor der Entgegenstellung (aber)
  in den Satzgefügen (als, die)

Mögliche Vorgaben

- Vereinbarung über die Schreibung von v. Chr./v. d. Z. und zum Beispiel/z. B.
- Vereinbarung über die Schreibung der Zahlen

Geld, Geld, Geld

Wortzahl: 171

Was ist Geld? Wir denken meist an Münzen, Banknoten, Schecks oder „unsichtbares Geld“, **unsere Bankkonten**. *17*

Die ältesten Schriften über Geld sind 4500 Jahre alt und kommen aus dem Zweistromland**, einer Gegend des heutigen Irak**. Texte in Keilschrift berichten von Zahlungen in abgewogenem Silber. Mit ähnlichen Silberstücken**, dem Blumensilber,** bezahlte man noch im 18. Jahrhundert in Burma. *39*

Echte Münzen aber besitzen genau festgelegte Muster**, sogenannte Prägungen**. Aus ihnen geht hervor, welchem Land die Geldstücke gehören und wieviel sie wert sind. Die frühesten Münzen stammen aus dem Königreich Lydien**, ungefähr dem Gebiet der heutigen Türkei**. Sie wurden schon im 7. Jahrhundert v. Chr. benutzt. *44*

Geld gibt es in den außergewöhnlichsten Formen. Steinsalzstäbe**, normalerweise ein Würzmittel,** galten bis in die 20er Jahre dieses Jahrhunderts in Äthiopien als Geld. In Afrika konnte man lange Zeit Brautgelder mit eisernen Hacken begleichen. Strafgebühren wurden auf Jap**, einer Insel im Pazifischen Ozean,** mit Steinen abgegolten. In China verwendete man schon vor 3500 Jahren Kaurischnecken**, das sogenannte Schneckengeld,** als Zahlungsmittel. Die Kaurischnecke ist noch heute das Symbol für Geld in der chinesischen Schriftsprache. *71*

171

Vorbereitungshilfen

Hinweise auf enthaltene Schwierigkeiten

- Appositionen
- nachgestellte Erläuterungen
- Kommasetzung im Satzgefüge (welchem)

Mögliche Vorgaben

- Schreibung der Abkürzungen und Anführungszeichen
- Eigennamen: Burma, Lydien, Irak, Äthiopien, Jap, Pazifischer Ozean, Kaurischnecke
- Fremdwort: Territorium
- Vereinbarung zur Schreibung der Zahlen
- Schreibung von v. Chr./v. d. Z.

Das Elektronenmikroskop

Wortzahl: 161

Wer von uns weiß schon**, dass** die Schneide einer Rasierklinge gezackter ist als eine Säge? Auch Reismehl ist keineswegs so glatt**, wie** man mit bloßem Auge zu sehen glaubt. Es setzt sich aus kleinsten Teilchen zusammen**, die** so spitz wie die Stacheln eines Kaktus sind. *47*

Wenn man Dinge des Alltags mit dem Elektronenmikroskop betrachtet**,** dann tun sich dabei ungeahnte Welten auf. Natürlich haben Wissenschaftler dieses Gerät nicht entwickelt**, weil** sie sich für Reismehl oder Rasierklingen interessierten. Sie suchten nach einem Gerät**, das** ihnen besser als das optische Mikroskop bei der Erforschung von Viren und Molekülen hilft. Biologen nahmen die Existenz von Viren schon lange Zeit an**,** konnten sie **jedoch** nicht beweisen. Seit der Erfindung des Elektronenmikroskops bestätigten sich zahlreiche ähnliche Annahmen. *76*

Mit einem optischen Mikroskop kann man bis zu 2500fach vergrößern. Das Elektronenmikroskop vermag Gegenstände mehr als 100 000fach größer sichtbar zu machen. Im Aufbau ähnelt es dem optischen Mikroskop**,** man verwendet **jedoch** statt Lichtstrahlen Elektronenstrahlen und statt Linsen Spulen. *38*

161

Vorbereitungshilfen

Hinweise auf enthaltene Schwierigkeiten

- Kommasetzung
  in einfachen Satzgefügen,
  in einer Satzverbindung,
  bei der Entgegenstellung
- Fremdwörter

Mögliche Vorgaben

- Fremdwörter: Viren/Virus, Moleküle, Elektronenmikroskop, optisch
- Schreibung von 2500fach, 100 000fach

Schatzsuche

Wortzahl: 184

Wenn ihr das Wort Schatzsuche hört**,** denkt ihr vielleicht an Seeräubergeschichten oder Abenteuer aus einer fernen Vergangenheit. Aber Schatzsuche gehört auch in die Gegenwart. *25*

Schon immer haben die Menschen Schätze vergraben. **Seit** jedoch das Zeitalter der Seefahrt begann**,** sind viele Schiffe mit unglaublichen Reichtümern im Meer versunken. Fachleute schätzen**, dass** rund ein Zehntel des Weltbestandes an Edelmetallen auf dem Meeresgrund ruht. *37*

Die Bergung von Wracks aus dem Meer ist oftmals teurer als der Wert der Ladung. Erst die Entwicklung des Tieftauchens hat es ermöglicht**, dass** heute der Gewinnanteil bei ungefähr 40 Prozent liegt. *31*

Versunkene Reichtümer aber werfen Probleme auf. Oft ist unklar**, wem** der gehobene Schatz eigentlich gehört**, denn** nicht nur der glückliche Finder hat einen Anspruch darauf. Manche Länder schützen die wertvollen Güter auf dem Meeresgrund mit Gesetzen**, damit** ihr Kulturerbe nicht modernen Schatzjägern in die Hände fällt. *46*

Aber solche Schatzjäger sind Profis**, die** sich kaum an Gesetze halten. Sie suchen den Meeresboden planmäßig nach Reichtümern ab**, wobei** sie sich gegenseitig sogar blutige Gefechte liefern**, da** sie ihre Gebiete gegeneinander verteidigen müssen. Schatzsuche von heute ist nicht mehr nur Abenteuer**, sondern** auch ein hartes Geschäft. *47*

184

Vorbereitungshilfen

Hinweise auf enthaltene Schwierigkeiten

- Kommasetzung in einfachen Satzgefügen, in mehrfach zusammengesetzten Sätzen, bei der Entgegenstellung

Mögliche Vorgaben

- Wrack, das Zehntel

Wirbelstürme

Wortzahl: 183

Wir Menschen glauben nur zu gern**,** wir hätten uns die Erde untertan gemacht. Unsere Erde ist aber durchaus nicht ruhig**, wie** uns Vulkanausbrüche, Regenfluten und Wirbelstürme beweisen. *28*

Die Atmosphäre**,** die Gashülle unserer Erde**,** besteht aus Luft. Die Sonneneinstrahlung, die Erdrotation und viele andere Kräfte bewirken**, dass** die Luft ständig in Bewegung ist. Der Wind wirkt wie eine Klimaanlage**, indem** er für den Austausch von warmer und kalter Luft sorgt. *42*

Ein britischer Admiral erdachte 1806 eine Windskala mit 12 Stärken. Die Windstärke 9 bedeutet Sturm**, dagegen** die Windstärke 12 Orkan**, der** mit schwersten Verwüstungen einhergeht. Nicht weniger gefährlich sind Tornados und tropische Wirbelstürme. In Amerika heißen die Tornados Hurrikan, in Asien Taifun. *38*

Etwa 900 Tornados müssen die Menschen in Amerika jährlich erdulden. Der Beginn ist immer gleich dramatisch: Dunkle, drohende Gewitterwolken tauchen das Land darunter in gespenstisches Grün. Die Luft ist schwül**,** die Temperatur sinkt um 15 °C. Plötzlich kommt aus einer Wolke ein schlauchförmiges Gebilde herab, ein Luftwirbel. Der Sog in seinem Inneren reißt alles hoch**, was** ihm in den Weg gerät: Autos, Häuser, Bäume und Menschen. Dieses Schauspiel dauert selten länger als 10 Minuten**, trotzdem** ist seine Wirkung verheerend. *75*

183

Vorbereitungshilfen

Hinweise auf enthaltene Schwierigkeiten

- Kommasetzung in Satzgefügen (auch mit uneingeleitetem Nebensatz),
  in der Satzverbindung,
  bei zwei Appositionen,
  bei der Entgegenstellung
- Doppelpunkte
- Fachwörter aus dem Bereich der Meteorologie

Mögliche Vorgaben

- Fremdwörter: Atmosphäre, Rotation, Admiral, Tornado, Hurrikan, Taifun, britisch, Klima, tropisch, dramatisch
- Schreibung der Zahlen vereinbaren

Badevergnügen

Wortzahl: 181

In kulturgeschichtlichen Büchern lesen wir, **dass** man schon in alter Zeit Bäder zum Entspannen, Nachdenken oder Vergnügen nutzte. *18*

So badeten die Ägypterinnen zur Pflege ihrer Haut in Milch. Im mittelalterlichen England, **das** nicht gerade für seine Reinlichkeit bekannt ist, nahm die Königin einmal im Monat ein Bad. Einer der ersten Besitzer einer Badewanne in Amerika, Benjamin Franklin, lag gern im Wasser und las. *45*

In einem japanischen Badezimmer füllt die Wanne den halben Raum aus. Sie ist ein mit einer dicken Gummimatte ausgekleideter Kasten, **der** mit dampfend heißem Wasser gefüllt ist. Diese Wanne darf man nicht ungewaschen besteigen, denn das Wasser wird mehrfach genutzt. Man muss sich reinigen, **bevor** man in die Wanne steigt. Diese Art von Wannenbad ist das Schönheitsgeheimnis der Japanerinnen. *59*

An einem kalten Tag erwärmt uns ein heißes Wannenbad wunderbar. Es lässt die Stimme weicher werden, **weil** die Atmung tiefer und langsamer wird. *23*

Als Kinder können wir Stunden in der Wanne zubringen. Wenn wir älter werden, sehen wir in einem Bad oft nur noch den reinigenden Effekt. *24*

Wir sollten aber nicht vergessen, **dass** ein Bad ein vergnüglicher Luxus ist. *12*

181

Vorbereitungshilfen

Hinweise auf enthaltene Schwierigkeiten

- Kommasetzung
  in den Satzgefügen (insbesondere bei Relativ- und Konjunktionalsätzen),
  bei der Apposition,
  in der Satzverbindung

Mögliche Vorgaben

- Eigenname: Benjamin Franklin
- Fremdwörter: Effekt, Luxus

Körpersprache

Wortzahl: 191

Wenn wir mit jemandem sprechen, teilen wir ihm meist nicht nur durch Worte etwas mit. Auch unsere Augen, unsere Hände, unsere Körperbewegungen senden Signale aus. Sie unterstützen das Gesagte, können ihm **aber** auch widersprechen. **Da** der Körper nicht lügt, verrät die Körpersprache oft unsere geheimsten Gedanken und Empfindungen. Als klassisches Beispiel gilt das folgende Verhalten einer jungen Frau. **Während** sie ihrem Arzt mit Worten versicherte, **dass** sie ihren Freund liebe, widerrief sie mit einem Kopfschütteln unbewusst ihre Äußerung. *79*

Wenn wir bedrückt, beleidigt, wütend oder überglücklich sind, spüren ein Freund oder eine Freundin das sofort an unserem Verhalten. **Ohne dass** wir ein Wort sagen, signalisiert der Körper unseren jeweiligen Zustand. Meist lässt sich gar nicht genau sagen, **an welchen** Anzeichen ein bestimmtes Verhalten zu erkennen ist. *47*

Von verschiedenen Gesten wissen wir jedoch, **dass** sie eine große Ausdruckskraft haben. Der erhobene Zeigefinger, die hochgezogene Augenbraue, die gerümpfte Nase oder der wippende Fuß sprechen eine unmissverständliche Sprache. *29*

Wir alle benutzen die Körpersprache meist intuitiv. Die Signale, **die** wir aussenden und empfangen, werden uns nur selten bewusst. *19*

Wer die Körpersprache beherrscht und versteht, lässt sich von seinen Mitmenschen nicht täuschen und knüpft leichter Kontakte. *17*

191

Vorbereitungshilfen

Hinweise auf enthaltene Schwierigkeiten

- Kommasetzung bei Nebensätzen als Vorder-, Zwischen- und Nachsätzen, bei der Entgegenstellung
- Großschreibung substantivierter Verben

Mögliche Vorgaben

- intuitiv, Geste

Die Flagge der USA

Wortzahl: 203

Das Sternenbanner der USA ist weltbekannt**, dennoch** wissen nicht viele Menschen über seine Entstehung Bescheid. Es wurde von niemandem entworfen**, sondern** hat seine heutige Gestalt allmählich angenommen. *32*

Die erste Fahne gehörte zum Befreiungsheer George Washingtons. **Da** dieses Heer aus Auswanderern bestand**, die** gegen die Unterdrückung der „neuen Welt" durch europäische Länder kämpften**,** nannte man diese Fahne auch „Kontinentalflagge". *40*

Ihre 13 Streifen standen für die 13 britischen Kolonien**,** die Abbildung der britischen Flagge in der linken oberen Ecke symbolisierte das Land ihrer Herkunft. *22*

Als am 14. Juni 1777 die Unabhängigkeit der Vereinigten Staaten von Amerika erklärt wurde**,** ersetzte man die Flagge Großbritanniens durch 13 Sterne auf blauem Grund**, deren** Anordnung unterschiedlich sein konnte. Am bekanntesten war der Sternenkreis. *32*

Später wurde für jeden Staat**, der** in die Vereinigten Staaten aufgenommen wurde**,** ein weiterer Stern hinzugefügt. Die derzeit gültige Fahne gibt es seit dem 14. Juli 1960**, als** Hawaii 50. Bundesstaat wurde. Das blaue Viereck hat nun 50 Sterne. *35*

Seit 1777 hat sich die Anzahl der Sterne 26-mal verändert. Die Streifen jedoch blieben**, wie** sie waren**, als** George Washington unter der ersten Flagge die Unabhängigkeit des Landes eroberte. Sie sollen noch heute an die 13 Gründerstaaten und den Beginn der amerikanischen Geschichte erinnern. *42*

203

Vorbereitungshilfen

Hinweise auf enthaltene Schwierigkeiten

- Kommasetzung
  in mehrfach zusammengesetzten Sätzen,
  bei den Entgegenstellungen,
  in der Satzverbindung

Mögliche Vorgaben

- Europäer, Hawaii, George Washington, Großbritannien
- Anführungszeichen bei „Kontinentalflagge" und „neue Welt"
- Satzzeichen im ersten Satz
- Vereinbarung über die Schreibung der Zahlen
- Schreibung mit Bindestrich (26-mal)

Psychoanalyse

Wortzahl: 184

Neben den körperlichen Krankheiten gibt es merkwürdige, unerklärliche Zustände, **in denen** der Geist des Betroffenen verwirrt zu sein scheint. *20*

Früher galten diese Erscheinungen nicht als Krankheiten. Man glaubte an Dämonen**, von denen** die Menschen beherrscht würden. Sie sollten durch grausame Rituale ausgetrieben werden. Man hielt die betroffenen Menschen für Teufel**, die** man durch Zwangsjacken zur Vernunft bringen wollte. Erst gegen Ende des 16. Jahrhunderts wurden solche Verhaltensstörungen als Krankheiten anerkannt**, die** seelische oder organische Ursachen haben. *56*

Die bekannteste Seelenkrankheit ist die Schizophrenie**, die** mit dem Zerfall der Persönlichkeit und Wahnzuständen einhergeht. Die Neurose**, bei welcher** der Kranke unter Verhaltensstörungen und Krämpfen leidet**,** tritt am häufigsten auf. Sie wird von einem heftigen Erlebnis ausgelöst**, das** körperlich oder seelisch sein kann. Dieses Erlebnis wird oft vergessen**,** bleibt **jedoch** im Unterbewusstsein erhalten. Bei der Erinnerung daran reagiert das Unterbewusstsein mit heftiger Abwehr. Dennoch muss man die Ursache dafür finden. Dann kann man solche Menschen heilen. *76*

Dieses Vorgehen leuchtete dem Wiener Arzt Sigmund Freud ein. Er begann eine Methode zu suchen**, die** das schreckliche Erlebnis aufspürt. Die Psychoanalyse**, die** er im Selbstversuch fand**,** hat sich heute allgemein durchgesetzt. *32*

184

Vorbereitungshilfen

Hinweise auf enthaltene Schwierigkeiten

- Kommasetzung
  bei Relativsätzen (auch eingeschoben),
  bei der Entgegenstellung

Mögliche Vorgaben

- Fachwörter: Rituale, Neurose, Schizophrenie, Psychoanalyse
- Sigmund Freud
- Dämonen

Die ungewöhnlichen Schiffsexpeditionen des Thor Heyerdahl

Wortzahl: 186

In der Zeit des sogenannten kalten Krieges erregte der norwegische Völkerkundler Thor Heyerdahl mit seinen ungewöhnlichen Schiffsexpeditionen in der ganzen Welt Aufsehen. *28*

Durch seine Fahrten auf primitiven Flößen und Schiffen**, die** nach altamerikanischer bzw. altägyptischer Tradition gebaut worden waren**,** wollte er herausfinden**, ob** es schon vor Kolumbus Berührungen zwischen der Alten und der Neuen Welt gegeben haben könnte. *36*

All seine Unternehmungen hatten aber noch ein zweites Ziel. Die stets international zusammengesetzten Bootsmannschaften sollten beweisen**, dass** kein Raum zu eng ist für eine friedliche Koexistenz von Menschen**, die** an ihrem gemeinsamen Überleben arbeiten. Die Schiffsbesatzungen unternahmen also nicht nur eine Reise in die Vergangenheit**, sondern** immer zugleich auch eine Reise in die Zukunft. *53*

Auf der „Tigris"**,** einem kleinen Floß aus Schilf**,** waren zum Beispiel elf Männer unterschiedlicher Nationalitäten mehr als sechstausend Kilometer gesegelt**,** um die Eigenschaften eines frühgeschichtlichen Schiffstyps zu erforschen. Trotz unterschiedlicher politischer Auffassungen hatten sie Schulter an Schulter gelebt und gemeinsam gegen Stürme und Flauten gekämpft. Sie waren sich einig in der Überzeugung**, daß** eine solche Zusammenarbeit dringend notwendig ist**, wenn** unsere Kultur vor dem Untergang bewahrt werden soll. *69*

186

Vorbereitungshilfen

Hinweise auf enthaltene Schwierigkeiten

- Kommasetzung
  in mehrfach zusammengesetzten Sätzen (einschließlich Apposition und Infinitivgruppe),
  bei der Entgegenstellung
- Fremdwörter
- Groß- und Kleinschreibung von Adjektiven

Mögliche Vorgaben

- Thor Heyerdahl, „Tigris"
- Fremdwörter: primitiv, Expedition, politisch, Typ, Koexistenz, international, Nationalität, Tradition
- Schreibung von altägyptisch, altamerikanisch

Außerirdisches Leben

Wortzahl: 185

Man kennt bisher im Weltall nur einen Ort**, wo** es Leben gibt, die Erde. Sie bewegt sich um einen Stern, unsere Sonne. Doch allein in der Milchstraße existieren 100 Milliarden Sonnen **und** Astronomen nehmen an**, dass** viele von ihnen ebenfalls von Planeten umkreist werden. Allerdings kann die Technik die ungeheuren Entfernungen noch nicht überwinden, sodass uns eine direkte Beobachtung der Planeten außerhalb unseres Sonnensystems ermöglicht würde. *67*

Manche Wissenschaftler sind der Auffassung, auf vielen Planeten herrschten geeignete Bedingungen. Deshalb könne Leben, vielleicht sogar intelligentes Leben, nichts Außergewöhnliches im Weltall sein. Andere glauben**, dass** die Kette von Ereignissen**, die** das Leben auf der Erde entstehen ließ, einzigartig war. *40*

Wir können zwar heute noch nicht selbst zu den Sternen fliegen**, aber** wir haben die Möglichkeit, nach Botschaften zu suchen**, die** fremde Lebewesen ausgesandt haben könnten. Wir versuchen auch, selbst Botschaften ins All zu senden. Zum ersten Mal geschah das am 16. November 1974**, als** eine verschlüsselte Nachricht zum Kugelsternhaufen M13 im Sternbild Herkules geschickt wurde, der aus einigen hunderttausend Sternen besteht. Da er aber 25 000 Lichtjahre entfernt ist, müssen wir uns noch 50 000 Jahre gedulden**, wenn** wir auf eine Antwort hoffen wollen. *78*

185

Vorbereitungshilfen

Hinweise auf enthaltene Schwierigkeiten

- Fremdwörter
- Kommasetzung
  in mehrfach zusammengesetzten Sätzen,
  bei indirekter Rede,
  bei nachgestellten Erläuterungen und den Infinitivgruppen,
  bei der Apposition

Mögliche Vorgaben

- Eigenname: Herkules
- Fremdwörter: intelligent, System, direkt
- Vereinbarung über die Schreibung der Zahlen
- so dass/sodass

Der Rhein-Main-Donau-Kanal

Wortzahl: 174

Schon Karl der Große hatte gegen Ende des 8. Jahrhunderts die Idee**(,)** mit Hilfe eines Kanals die europäische Wasserscheide zu überwinden. Aber erst zwölfhundert Jahre später wurde mit dem Bau des Main-Donau-Kanals dieses Vorhaben verwirklicht**, das** deshalb gern als Jahrtausendbauwerk bezeichnet wird. *49*

Pläne für die Wasserstraße**, die** die Nordsee mit dem Schwarzen Meer verbindet**,** lagen bereits seit 1921 vor**, aber** die Aushubarbeiten begannen erst nach dem 2. Weltkrieg. Im September 1992 wurde nach dreißigjähriger Bauzeit der 171 km lange und im Durchschnitt 60 m breite Kanal in Betrieb genommen. Er ermöglicht Binnenschiffen eine 3500 km lange Fahrt von West- nach Südosteuropa und stellt eine Verbindung zwischen 15 Ländern her. Einzigartig an dieser von Menschen geschaffenen Wasserstraße ist**, dass** sie ein Mittelgebirge überquert. *71*

Bei der Einweihung verwiesen Politiker und Bauverantwortliche auf die große umweltpolitische Bedeutung des Kanals, **der** zu einem gewaltigen Rückgang der LKW-Transporte und somit zu einer Entlastung des Straßenverkehrs führen soll. *30*

Naturschützer beklagen allerdings die Landschaftszerstörung**,** insbesondere im Altmühltal. Außerdem wird der wirtschaftliche Nutzen bezweifelt. *14*

Unstrittig ist allein**, dass** die neue Wasserstraße vermehrte Freizeitmöglichkeiten bietet. *10*

174

Vorbereitungshilfen

Hinweise auf enthaltene Schwierigkeiten

- Kommasetzung
  in mehrfach zusammengesetzten Sätzen (insbesondere Relativ- und Konjunktionalsätze),
  bei der nachgestellten Erläuterung,
  bei der Infinitivgruppe
- Eigennamen

Mögliche Vorgaben

- Überschrift
- Eigenname: Altmühltal
- Schreibung der Zahlen vereinbaren

Quellenangaben

Texte ohne besonderen Schwerpunkt

Wettervorhersage. Nach: Reid, Struan: Das Wetter. ars edition München 1990, S. 28–29.

Die Iglus der Eskimos. Nach: Erpf, Hans: Das große Buch der Eskimo. Kultur und Leben eines Volkes am Rand des Nordpols. Stalling Verlag 1977, S. 54f.

Ein erfüllter Wunschtraum. Nach: Görlitz, D.: Im Schilfboot auf der Ostsee. Alma Mater Jenensis Nr. 12/1992, S. 6.

Herausforderung Antarktis. Nach: Robbin, I.: Polargebiete. Was ist was, Band 36, Tessloff Verlag Nürnberg/Hamburg 1982, S. 39–43.

Das Schnabeltier. Nach: Park, Andy: Australiens seltsamer Flußbewohner – Das Schnabeltier. In: Das Beste aus Readers Digest Nr. 9, September 1992, S. 208–216.

Wenn Partner aneinander vorbeireden. Nach: Tannen, Deborah: Wenn Partner aneinander vorbeireden. In: Das Beste aus Readers Digest Nr. 9, September 1992, S. 18–25.

Tiere und Pflanzen im Lebensraum Stadt. Nach: Elstner, E. u. a.: Unsere Natur. Isis Verlag AG, Chur/Schweiz 1993.

Schwarzafrika. Nach: Mouiot, Hewi. In: Die Kulturen Afrikas. Union Verlag Stuttgart 1992, S. 7.

Die Zeit. Nach: Liberty, Gene: Die Zeit. Tessloff Verlag Nürnberg/Hamburg 1982.

Schwerpunkt: Groß- und Kleinschreibung

Die Sprache unserer Vorfahren. Nach: Spies, G.: Warum die Menschen sprechen lernten. Der Kinderbuchverlag Berlin 1978, S. 15–20.

Leere Geldbeutel. Nach: Gipp, Joe. Übersetzt v. Peter Schiller: Geld – die faszinierende Geschichte der Zahlungsmittel vom Silberbarren bis zur intelligenten Chipkarte. In: Leben, Staunen, Wissen. Hildesheim, Gerstenberg 1990, S. 58/59.

Verständigung im Tierreich. Nach: Spies, G.: Warum die Menschen sprechen lernten. Der Kinderbuchverlag Berlin 1978, S. 21–26.

Unsere Erde verändert sich. Nach: Money, D. C.: Wohnort Erde. Herder Verlag Freiburg/Basel/Wien 1991.

Gemalte Sprache. Nach: Vigoureux, Michel, Chavanat, Danien: Das neue Buch der Erde. Japan heute. Tessloff Verlag Nürnberg 1990.

Ein Raubtier im Aquarium. Nach: Lorenz, K.: Er redete mit dem Vieh, den Vögeln und den Fischen. Deutscher Taschenbuch Verlag München 1983, S. 24–25.

Gedächtnis und Gedächtnistraining. Nach: Leitner, S.: So lernt man lernen. Herder Verlag Freiburg/Basel/Wien 1973, S. 143–147.

Popmusik. Nach: Gerlach, C.: Popmusik. Musikverlag Berlin 1984, S. 7, 9–10, 119.

Die kritische halbe Sekunde. Nach: Leitner, S.: So lernt man lernen. Herder Verlag Freiburg/Basel/Wien 1973, S. 143–147.

Schwerpunkt: Zusammen- und Getrenntschreibung

Das Mountainbike. Nach: van der Plas, Robert: Mountain-Bike Know how, München/ Wien/Zürich BLV Verlagsgesellschaft 1991, S. 7.

Die Kleidung der Schotten. Nach: Wissen. Das große Lese- und Nachschlagewerk. Gondrom Verlag Weinheim 1989, Bd. 7.

Parfüm aus Blüten. Nach: Wissen. Das große Lese- und Nachschlagewerk. Gondrom Verlag Weinheim 1989, Bd. 7.

Die sieben Weltwunder. Nach: Moshejko, Igor W.: 7 & 37 Wunder der Welt, MIR Verlag Moskau und Urania Verlag Jena/Leipzig/Berlin 1988.

Das Piano in der Hosentasche. Nach: In aller Munde. Magazin der Süddeutschen Zeitung Nr. 36, 6. 9. 96, S. 24–29.

Windenergie. Nach: Seidenberg, Steven: Brennpunkt Energie. Herder Verlag Freiburg/Basel/Wien 1991.